AF372051

J. A. FORTEA

EL PURGATORIO
HISTORIA Y GEOGRAFÍA DE SUS MORADAS

Tratado acerca de la naturaleza de la escatología intermedia y de la variedad de formas de morar en ella.

Colección
Forteniana Opera Daemoniaca
Tomo VII

SEKOTIA

Editorial Sekotia • Colección Forteniana Opera Daemoniaca
Editor: Humberto Pérez Tomé Román
Maquetación: Javier Díaz Martínez

www.sekotia.com
pedidos@almuzaralibros.com - info@almuzaralibros.com
Parque Logístico de Córdoba. Ctra. Palma del Río, km 4
C/8, Nave L2, nº 3. 14005 - Córdoba

Imprime: Gráficas La Paz
ISBN: 978-84-19979-54-4
Depósito: CO-1688-2024
Hecho e impreso en España - *Made and printed in Spain*

Índice

Capítulo III.
Geografía del purgatorio

Prólogo

Este no es un libro de divulgación sobre el purgatorio, sino una obra que intenta hacer avanzar la teología sobre esa morada. Doy por supuesto que los lectores de este libro ya son buenos conocedores de los tratados donde se explica todo lo esencial sobre el purgatorio. Mi libro edifica sobre la base de esos tratados sin tener que volver a explicar todo lo esencial.

Alguien pensará que lo de «historia y geografía» referido al purgatorio es un título pensado solo para atraer la atención. Pero no, realmente la sociedad de los que se purifican ha durado miles de años y ha contado con una verdadera historia. Y también se puede hablar de una geografía de las moradas de los espíritus, pues ese «lugar» cuenta con distintas «regiones».

Esta obra es la continuación natural de otro libro mío, titulado *Tratado sobre las almas errantes*. La lectura de ese libro es altamente recomendable pues en la presente obra continúo mis reflexiones allí donde las dejé aquel entonces. Resulta recomendable, no necesaria. El que no haya leído ese título precedente podrá entender los argumentos y la exposición de lo que tras toda una vida de reflexión vislumbro que es el purgatorio.

Una aclaración terminológica: cuando hablo de *escatología intermedia* me refiero al periodo que va desde la muerte hasta la resurrección universal, el periodo de tiempo que va desde la pérdida del cuerpo hasta la recuperación del cuerpo.

Capítulo I.
Visión panorámica del purgatorio

Ocho años después de acabar este libro, consideré adecuado añadir la II parte en que expongo mi opinión acerca de lo que es el purgatorio; del purgatorio en general, con independencia de lo expuesto acerca de las almas errantes.

En un primer momento consideré que lo mejor sería colocar esta parte al principio de la presente obra. Después llegué a la conclusión de que la exposición general que ofrezco del purgatorio se entiende mejor si uno ya ha leído las partes relativas a las almas errantes. Como ya advertí al comienzo de ese libro, esta no es una obra de divulgación, sino que trata de aspectos más complejos de esta realidad teológica, así que puedo invertir el orden expositivo que sería natural. Invirtiendo el orden se entenderá mejor la visión panorámica de estas moradas situadas más allá de la tumba.

Considero que la parte de esta obra relativa a las almas errantes está fundada en afirmaciones de las Escrituras y en otros textos que, por sí mismos, merecen ser atendidos con respeto. Mientras que la parte de esta obra referida al purgatorio en general, la presente parte, ofrece una visión más subjetiva, no fundada en la autoridad de otros. La parte presente me parece mucho más creativa e interesante, por haber escrito con libertad sin necesidad de atarme a las citas de otros autores. Con libertad, sí; pero después de haber reflexionado toda esta doctrina durante los casi diez años que van de la redacción de una parte y de la otra. Equivocado o no, he meditado mucho cada afirmación de las siguientes páginas. E incluyo las siguientes páginas en un único libro, porque la parte de las almas errantes y la parte del purgatorio en general se complementan admirablemente.

Una cosa más. La segunda parte de este libro no me ha resultado fácil compartimentarla en unos capítulos dedicados a las moradas del purgatorio y en otros capítulos dedicados a su evolución histórica. Tanto su geografía como su historia se tratan a lo largo de toda esta segunda parte, entrelazándose una y otra vez.

EL PURGATORIO SUELE SER BREVE

La mayoría de las personas que entran en el purgatorio lo hacen con pequeños pecados sobre su conciencia, casi todos de debilidad: lujuria, gula, haber abusado de la bebida, del juego, haber consumido cannabis. A estos pecados de debilidad se les añaden pecados no muy graves como el cotilleo, la murmuración, mentiras pequeñas, manías contra alguien, moderados rencores, enfados, egoísmos y faltas por el estilo.

En todas estas faltas no suele haber mucha maldad y la persona, tras la visión celestial que haya tenido al salir de su cuerpo, al ver después que él se encuentra en el más allá, y con la compañía y acción de los ángeles y de los santos, con toda facilidad se arrepiente de sus pecados; y cada vez aumenta más ese arrepentimiento, con un dolor progresivamente más puro, cada vez más profundo. El remordimiento se va haciendo más perfecto en el purgatorio. Un remordimiento que al ser más perfecto se va tornando más purificador.

Muchas personas, además, han pasado un duro purgatorio en la última etapa de su vida. Pues en los postreros meses, a menudo, las dolencias se tornan crueles. Si, ya en los últimos dos o tres años de la vejez, los achaques van convirtiéndose en un purgatorio en vida, en los últimos meses pasan a ser una pequeña pasión. Y a ese proceso de humillación que es la vejez en su etapa final se añade que, cuando la partida de este mundo está próxima (a una distancia de menos de una semana), se descorren los velos del más allá y tienen sueños o visiones. En mi experiencia como capellán de hospital, ejerciendo durante más de un decenio, doy fe de que es muy común que vean a sus padres, los cuales les dicen algunas palabras, normalmente tranquilizadoras.

¿Cómo no voy a tener esta visión del más allá tan benigna si las visiones de estos familiares son tranquilizadoras? Y lo mismo se puede decir de las conversaciones con la contemplación de la luz que está al final del túnel. Si se me permite un juego de palabras, la doctrina católica de las indulgencias se inscribe en una visión indulgente del purgatorio; no en una visión cruel, férrea, de un purgatorio terrible. Por lo menos, el purgatorio del común de los mortales no es terrible.

Aquí no puedo dejar de contar una pequeña anécdota. De vez en cuando yo paseaba con un pastor evangélico. Una tarde me dijo: *Yo creo que el gran problema de la Iglesia católica es que habéis concedido el perdón de Dios con demasiada facilidad.* Esas palabras que fueron lanzadas como acusación se convirtieron ¡en uno de los mayores elogios que haya escuchado nunca!

¿Visiones al final de la vida? ¿El que va a morir ve algo? En las películas que tienen pretensión de ser realistas, en las batallas, en los asesinatos de la mafia, etc., aparece que los protagonistas mueren como animales. Parece que, cuanto más se intensifique esa sensación de animalidad, esa muerte sin esperanza, la película será más realista. Lo cierto es que los hijos de Dios no mueren como animales, la presencia de los santos, de los ángeles, de los familiares bienaventurados es mayor que nunca. Con cura al lado del moribundo o sin cura, el tránsito a la otra vida es un misterio de la misericordia de Dios, es un momento en el que actúan los seres invisibles: ángeles y santos.

Un sacerdote de la prelatura del Opus Dei, don Tomás Belda, me contó que estaba san José María Escrivá viendo una película con otros sacerdotes de la prelatura. Y don Tomás fue testigo de cómo, en un momento dado, ordenó que se detuviera la película, y les dijo a los presentes, con mucha fuerza, que los hijos de Dios no morían así, como animales. Sí, mi experiencia como capellán de hospital es que las películas nos muestran esa visión materialista, así son los guiones, así es la voluntad del director, pero puedo asegurar como capellán que la realidad es muy distinta. Los enfermos a los que les vuelve a funcionar el corazón cuentan las visiones que han tenido. Aunque no los veamos, alrededor de los moribundos hay ángeles, santos y familiares que ya son habitantes del cielo.

Cuando un alma llega al purgatorio, lo más normal es que ya arribe muy preparado por su etapa terrestre final de sufrimiento. De manera que no me extraña que muchos pasen en el purgatorio muy poco tiempo. Bastará una indulgencia plenaria para acabar de «quemar» toda la escoria que todavía quedase en esa alma. Como solo suele haber pecados de debilidad, en muchos casos de buenos cristianos bastará tener el escapulario del Carmen para salir del purgatorio al siguiente sábado.

RELACIÓN ENTRE EL TIEMPO DE LA TIERRA Y EL DEL PURGATORIO

¿Es correcto afirmar que un alma salió del purgatorio el sábado siguiente a la muerte, por ejemplo? La respuesta es sí. No olvidemos que en el purgatorio existe el *evo*, que es un tipo de tiempo. Solo Dios vive en un eterno presente. Eso sí, cuatro días en el evo pueden hacerse increíblemente largos para el individuo, según las vivencias que llenen ese espacio temporal que discurre paralelo al tiempo terreno.

El evo del purgatorio es un tiempo personal, mientras que el tiempo terreno es un tiempo material, común a toda la humanidad. Aunque, sea dicho de paso, hay un evo común (para todos los espíritus) que es como el haz que reúne todas las espigas. Cada espiga simboliza un evo personal, el haz de espigas simboliza ese *discurrir temporal común* que surge de la conexión e interacción de todas esas temporalidades personales.

Esto lo digo porque, dado que el alma separada del cuerpo está situada en un tiempo espiritual, a alguno le podría parecer incorrecto afirmar que un alma ha salido del purgatorio *seis días* después de su muerte o *diez días* después. Pero no, no es incorrecto. Ambas temporalidades, aunque paralelas, poseen puntos de conexión, se entrelazan, hay intersecciones. Por ejemplo, *ahora* esta persona en la tierra eleva una oración en el tiempo material, y un alma del purgatorio recibe *ahora* esa gracia. Otro ejemplo, un alma del cielo intercede ahora (en el evo) por un familiar suyo en la tierra, y ahora recibe esa ayuda la persona que está en la tierra. El *ahora* del evo provoca un efecto en el *ahora* del tiempo de la tierra, o viceversa. Por eso, lo reitero, es correcto afirmar, por ejemplo, que un alma no salió del purgatorio hasta *dos meses* después de morir, u otras referencias temporales por el estilo.

EL TIEMPO CONCRETO QUE SUELE DURAR EL PURGATORIO

Como los pecados no suelen ser muy graves, la estancia en el purgatorio no suele ser larga. Aunque sea difícil afirmar si, usualmente, esa *brevedad* de la que hablamos es de una semana, de un mes o de un año. Soy consciente de que debe de haber todo tipo de longitud e intensidad de condenas en ese estado de purificación. Pero ¿cuánto suele ser el tiempo promedio que pasan las almas?

¿Cuál es el tiempo promedio de estancia en el purgatorio para las personas normales? Sí, ya sé que, para empezar, convendría distinguir entre cristianos y no cristianos. Pero normalmente, hoy en día, en el año 2023, en Europa Occidental, ¿hay tanta diferencia entre la vida moral de los españoles y la de los japoneses? Me temo que no, que las vidas ordinarias se parecen mucho, en virtudes y defectos, de unos a otros. Insisto, me refiero a las vidas ordinarias.

Aun así, no sé cuál es el tiempo promedio que las almas pasan en el purgatorio. Pero, por todo lo afirmado anteriormente, me atrevería a aventurar que lo normal es que los muy buenos cristianos no estén más allá de un día, dos o tres; que los cristianos buenos (es decir, practicantes) no pasen en esa morada más allá de unas semanas; y que el resto lo normal es que esté unos meses. Doy esta opinión basándome en la visión benigna de la que hablaba antes. Aunque, por muy benigno que uno sea, no creo que se pueda enderezar todo lo torcido de una vida en cinco minutos.

No parece excesivo pasar en tal estado tres o cuatro meses profundizando en la comprensión del propio mal cometido, alabando a Dios, orando por los vivos en la tierra, tratando de reparar (con la oración) lo que se pueda. Y realizar este proceso de sanación interior con la visita de ángeles y de santos que les enseñan, que los acompañan en ese proceso personal de comprensión del propio mal, de comprensión del bien que es Dios. Hay que entender lo que es el pecado en mí, lo que es el bien en su sentido más profundo, hay que enderezar todo lo torcido que haya en la propia alma.

Alguien podría decir que, si la vida ha durado años, lo normal es que el purgatorio dure años. Pero estamos hablando no de tener que repetir la vida (algo imposible, pues solo hay una existencia sobre la tierra), sino solo de comprender el mal cometido para, doliéndose de ello, a través del amor, corregir toda deformación que eso dejó en el alma. El pecado ha dejado consecuencias en el espíritu, y eso es lo que hay que ir regenerando con la ayuda de la gracia de Dios y el propio esfuerzo.

He escuchado visiones del purgatorio en las que subyace una especie de mentalidad de repetición. Como si una vida de setenta años requiriera, al menos, setenta años para purificarla. En el fondo se tiene la idea en esta concepción de que un día de vida sin Dios requiere de un día de vida en el purgatorio, sufriendo, como si todo tuviera que ser revivido. Porque, en esta forma de ver las cosas, lo esencial es el sufrimiento. En la concepción que yo propongo lo esencial es la ayuda del alma que tiene que limpiarse, purificarse y enderezarse. No se trata de «repetir», sino de que el ama reflexione, ore y esté abierta a la acción de la gracia para entender, para cambiar. No digo yo que no sea necesario revivir muchos episodios para entender y cambiar. Pero lo importante no es revivir, sino cambiar. Si algo se revive, se rememora, se recuerda en el purgatorio, es solo para enmendar, para orar por aquel al que dañamos, para reparar en la medida de lo posible. Reparar en nosotros mismos, reparar con la oración y nuestro amor el mal cometido. Estoy seguro de que la mayor parte del tiempo del purgatorio no está uno reviviendo el mal cometido, sino orando para pedir a Dios que todo sea reparado.

Cuanto más abajo está uno en las moradas del purgatorio, más tiempo pasa uno solo recordando el pasado con remordimiento: se revive mucho y ama poco; se atormenta uno mucho y se enmienda poco, porque entiende todavía poco. Cuanto más alto está en esas moradas del purgatorio, ya uno dedica cada vez más tiempo a alabar a Dios, a amarlo. También en esas altas moradas se pide perdón a Dios, y perdón por los hechos concretos, pero ese dolor está transido de amor y esperanza. Los que salen del purgatorio ya son santos, en la tierra los consideraríamos santos. Pero esa santidad es necesaria para soportar el impacto que supone la visión beatífica.

Por supuesto que en mi forma de entender el purgatorio hay sufrimiento. Cuanto más pecado hubo, más dolor provocará el pecado presente en nosotros. El dolor es una consecuencia inevitable de este proceso de sanación, pero lo sustancial del proceso es la comprensión a través de la gracia. Lo sustancial del purgatorio no es el sufrimiento, sino la comprensión. Todo pivota alrededor de esa realidad regenerativa, no alrededor de una mentalidad penal.

Tiene que darse un esfuerzo del individuo por comprender, lo cual lleva a recibir la gracia. Y esa gracia lo lleva a entender mejor. Este ciclo virtuoso (esfuerzo, comprensión, gracia, amor) se reitera hasta acabar con toda traza de pecado presente en ese espíritu. Lo esencial es ese ciclo virtuoso de cambio, de regeneración del alma, el sufrimiento es solo un subproducto inevitable. Nuestro Padre Celestial no quiere que nadie sufra. El sufrimiento, en el purgatorio, no es buscado directamente por Dios. Fijémonos en la diferencia tan esencial de considerar el purgatorio como una mera cárcel, a considerarlo como un hospital, como un monasterio. En la visión usual del purgatorio, la mayoría lo considera un castigo divino, castigo que consiste en ser encerrado en una prisión.

¿Es una cárcel, es un castigo? En cierto modo, sí. Podemos ver esa morada como una cárcel porque estar allí es una imposición sin alternativa. Si a alguien se le encierra en un lugar como imposición, si a alguien se le envía a un hospital quiera o no quiera, esa situación se parece a la de una prisión. No solo por la imposición, sino que también esa morada es un castigo porque se sufre. Pero lo que Dios busca directamente no es el encerramiento ni el dolor.

Sin duda, el purgatorio no es una mera prisión donde uno es encerrado y se le abre la puerta unos meses después. Es un estado, una morada en la que uno está acompañado, aprendiendo de los demás, acompañando a otros en ese proceso. Los sumergidos en ese estado se ayudan unos a otros.

En la casa de mi Padre, hay muchas moradas, afirmó Jesucristo. Lo mismo se puede decir del purgatorio y del infierno. Hablamos de moradas espirituales, es decir, de moradas que agrupan a personas en estados personales similares.

VARIEDAD EN EL PURGATORIO

Estoy seguro de que en ese estado hay almas que prefieren pasar más tiempo a solas, meditando, orando, haciendo penitencia espiritual; penitencia espiritual, sí, pues también las potencias espirituales pueden someterse a mortificación. En otros momentos, las almas están junto a otras, en grupo: hablando entre ellas, ayudándose; aconsejándose, animándose a aprovechar ese tiempo; también orando juntas. En otros momentos, reciben la visita de los celestiales: ángeles, santos, bienaventurados con vidas muy ordinarias. Digo «bienaventurados» pensando en familiares y amigos ya en el cielo, pero que pueden visitar el purgatorio para dar ánimo a los allí «condenados». Pongo entre comillas la palabra «condenados» porque esa condena es un don, un bien, un beneficio para el individuo enfermo en cuestión; enfermo moral, enfermo en su espíritu. Sin embargo, en el infierno no hay visitas, ya no tendrían sentido Pero en el purgatorio sí que la comunión de los santos puede darse en todos los aspectos posibles.

EN EL CIELO NADA PUEDE ENTRAR IMPURO

¿Existe una condena al purgatorio? Sí, pero es una «condena» a enderezarse, a comprender. El purgatorio es una condena externa en cuanto que va a esa morada obligado por la voluntad de Dios. Pero esa condena externa, esa imposición, responde a una necesidad interna. El proceso purgativo es necesario antes de penetrar en la santidad suprema, que es la presencia de Dios sin velos.

Toda escoria debe ser removida del alma. De lo contrario, en ese horno de santidad, el mal abrasaría al espíritu como la peor de las torturas, creando una verdadera herida. La visión del propio mal hundiría a la persona en la tristeza sin medida. La hundiría en la más desastrosa falta de estima, en la recriminación sin fin. El impacto que supone para el «yo humano» la visión divina es brutal y no admite grados: o ves a Dios o no lo ves. Por más que te acerques, hay un momento en que, por fin, lo ves cara a cara. De ahí la necesidad de que se produzca esa purificación previa.

Al arrojarse a una piscina fría, se siente una gran impresión. Pues bien, el cuerpo tiene un límite, llegaría un momento en que el cuerpo no resistiría un impacto más allá de cierto nivel. Lo mismo pasa con el alma. La gradualidad en el ingreso ante Dios es necesaria. Incluso en las almas completamente purificadas, la aproximación hacia el trono de Dios tiene que producirse a través de una cierta gradualidad, que se produce atravesando las distintas moradas celestiales. Incluso al salir del purgatorio, hay una gradualidad que debe respetarse.

Pero si el impacto será brutal, el impacto de la visión del Ser Infinito, lo que no puede suceder es que, en ese momento, haya mal en nosotros. Por poner una comparación, los que trabajan en fundiciones saben que hay metales que cuando caen fundidos, formando un chorro delgado, una persona puede atravesar ese chorro con la mano sin quemarse. Hay que hacerlo con rapidez, pero uno no se quema, porque la mano está dentro del chorro solo una fracción de segundo y ese metal concreto (por sus características) resbala sobre la piel. Ahora bien, en un documental, le escuché a un trabajador de la fundición que hizo eso que, si en el metal fundido hubiera una pequeña escoria, atravesaría la mano como un cuchillo caliente atraviesa la mantequilla, dejando tras de sí un agujero en la mano. Del mismo modo, al entrar al horno de la presencia de Dios, la herida traumática que dejaría en el alma el mal presente en ella llevaría después mucho tiempo sanarla, más que el tiempo del purgatorio. Por lo tanto, el purgatorio es una necesidad, no una imposición externa por la necesidad de satisfacer unas necesidades justicieras.

En el cielo no puede entrar nada manchado, no porque eso disguste a Dios —el Señor conoce todo mal, todo el mal de la tierra está ante sus ojos—, sino por el bien del alma manchada.

EL PURGATORIO SUPERIOR

Este purgatorio que he descrito hasta ahora es el *purgatorio común*, al que van la mayoría de las personas. En este purgatorio común hay muchas moradas. Pero, del mismo modo que por debajo hay una *franja de las almas perdidas*, probablemente hay una morada, por encima del purgatorio común, que es la *franja de las almas puras*. Desde hace años, pienso que hay personas que mueren no solo tan limpias, sino tan santificadas, que ni siquiera entran al purgatorio común. Para esas almas tan bendecidas bastará una breve estancia (quizá de un día o dos) en el *vestíbulo del cielo*, llamémoslo así, para poder penetrar en el sanctasanctórum completamente limpias. De manera que, según mi entender, sobre el purgatorio común se halla el vestíbulo del cielo al que se le puede llamar «purgatorio superior», que es donde van las almas del purgatorio justo antes de ascender al cielo.

¿Qué hizo Jesús antes de la última cena? Limpiarles los pies. *Jesús le dijo: El que se ha bañado no necesita lavarse, excepto los pies, pues está todo limpio* (Juan 13; 10). Las almas ya esencialmente purificadas pasan a ese lugar tan puro, donde se limpian de los mínimos restos de suciedad que el mal dejó en ellos. En el momento de morir, sus espíritus están tan purificados que pasan a un lugar inmaculado. Es cierto que el mal sale de dentro, de la voluntad, que uno no se contamina por lo externo. Ahora bien, el estado de perfección logrado tras tanto tiempo de esfuerzo, de acción de la gracia, requiere (como un requisito de conveniencia) recibir una ayuda específica. Específica en orden a entrar, en breve, ante la Presencia.

Lo que se recibe en ese vestíbulo son ayudas especiales para ese tránsito tan cercano hacia el Misterio de la Santísima Trinidad. Cuando hablo de ayudas, estas pueden ser visiones, gracias, intervención de los celestiales (humanos y angélicos). Pero en esta franja ya no es momento para largas enseñanzas, para dilatados diálogos con los celestiales, sino para sumirse en una profunda oración estática ante la contemplación de la puerta, la puerta por antonomasia, la puerta que supone la meta de toda la vida.

No es el momento para ejercitar funciones sociales, algo que sí que ocurre en moradas inferiores. En el purgatorio, sí que estimo que se da una acción de grupo a la hora de ayudarse unos a otros. Mientras que las almas situadas en el vestíbulo del cielo imagino que se hallan allí como individuos estáticos, sumidos en la oración, en la adoración; almas que no quieren distraerse ni se distraen, conscientes de la inminencia del paso que van a dar. En tiempo material, ¿cuánto están en esa morada que es como un vestíbulo? Reitero que la estancia durante un día o dos me parece muy razonable.

Así como en la tierra Jesucristo dispuso la extremaunción para santificarse justo antes del momento de pasar el velo, así también ahora hay gracias y ayudas especiales, específicas, destinadas para ese supremo momento. Me gusta llamarla «extremaunción», pues se trata de la unción administrada en el extremo de la vida. Por los enfermos —graves o no— se puede orar muchas veces en la vida y hasta usar sacramentales. Pero el sacramento de la extremaunción es un misterio que va mucho más allá de la mera oración genérica por un enfermo. En la extremaunción lo que esencialmente se busca es de tipo espiritual, no corporal. Sí, también se pide por ese cuerpo, para que la agonía le resulte más liviana. Pero lo que más se busca es preparar el alma para el ingreso ante la santidad divina.

El purgatorio común, por lo tanto, debe estar situado entre estas dos franjas: la de las almas perdidas y la de las almas cuyo ingreso al cielo es inminente. Franjas que no suponen un cambio cuantitativo, sino cualitativo. Los espíritus que están en uno u otro extremo están en una situación cualitativamente diversa de las del purgatorio común, por más que en ese purgatorio común haya, a su vez, muchas moradas.

En uno, en el purgatorio inferior, se siente el ardor del infierno, por cercanía; no me refiero con «cercanía» a referencias espaciales, pues hablo de estados. Mientras que en el purgatorio superior se siente el ardor del amor del cielo. Estos dos purgatorios extremos son franjas definidas por por un «estar fuera» de ese espacio central, que es el ordinario. En la franja superior ese «estar fuera» se observa en su gran transitoriedad, en la inminencia. En la franja inferior se caracteriza por ese estar fuera del lugar que sería el adecuado para la purificación, es decir, una purificación con reconocimiento de las faltas y amor a Dios.

Los individuos humanos son seres sociales, del mismo modo que hablamos de una Jerusalén Celeste, se puede hablar de una «ciudad» de los que se purifican; entendiendo por «ciudad» una sociedad. Mientras que los que están en las dos franjas, unos vagan (de un modo solitario) y otrossimplemente están delante absortos en lo que va a significar el ingreso.

Unos vagan en la oscuridad, no quieren que les moleste nadie porque están sumidos en una terrible tristeza. Los otros están estáticos, sumidos en pensamientos santos acerca de lo que hay detrás de ese primer velo. Tampoco estos quieren que los distraiga nadie de los más profundos actos de esperanza. Estos son como los que están sumidos en la más profunda oración y no quieren que nadie les estorbe.

Aunque los que están en el purgatorio superior no pasarán directamente a ver a Dios al entrar por la puerta del cielo, puerta que podríamos denominar «primer velo» a semejanza de los dos velos del templo de Jerusalén, imagen de las realidades celestiales. Primero verán la sociedad de los santos, con todos sus grados. Después de atravesar esas escalas de la bienaventuranza, llegarán al segundo velo, a la segunda puerta, tras la cual sí que está ya la visión de la esencia de Dios. Pero es algo tan grandioso que se requiere esa ascensión paulatina y no entrar directamente ante Dios, de un modo abrupto, provocando una increíble conmoción en ese espíritu finito.

CONVENIENCIA DE ESTA FRANJA SUPERIOR

Alguien podría argumentar que no hay necesidad de un purgatorio superior, que basta con el purgatorio común, donde ya hay varias moradas. La idea de la existencia de este vestíbulo surgió de la contemplación del esquema de estas moradas entre el cielo y el infierno. Es curioso cómo suele darse la simetría en los esquemas teológicos. Y pensé que por qué no iba a darse esa simetría en torno al purgatorio común. Reflexionando sobre el tema me di cuenta de que, si tomamos todas las características de la franja de las almas perdidas y les damos la vuelta del revés, si aplicamos esas características (pero en modo opuesto) a los que van a entrar al cielo, surge esa franja superior de un modo natural. ¡Es tan conveniente que exista el opuesto perfecto a esa franja inferior! Observemos algunas características:

> Lo que está junto al infierno, pero no es infierno.
> Lo que está junto al cielo, pero no es cielo.
>
> Donde se siente el ardor del fuego vecino del infierno.
> Donde llegan los resplandores del cielo.
>
> La morada donde hay tiniebla sin fuego infernal.
> La morada donde alcanza una luz celestial sin visión divina.
>
> La morada de la condenación no eterna.
> La morada de la transitoria espera felicísima.
>
> La desesperanza en la tiniebla, vagando sin sentido.
> La esperanza ante la luz, inmóviles de estupor.
>
> Donde uno está sumido en la desesperanza máxima sin llegar a ser la del infierno.
> Donde uno está sumido en la esperanza máxima a punto de salir del purgatorio.

Las moradas internas del purgatorio común surgen de agrupar a personas con conveniencias particulares de purificación. Pero, en realidad, podrían estar mezclados con los de otras moradas y la purificación se daría de igual manera. Mientras que las franjas superior e inferior surgen de una realidad personal muy diversa que requiere de un «espacio» distinto del que requiere cualquier pecado o vicio del que acaba de morir, o cualquier ignorancia o resistencia a la verdad de cualquier difunto. Como se ve, las dos franjas extremas no se definen por la clase de pecado o el tipo de ignorancia, sino por una situación personal muy diversa.

LA DOCTRINA DE LAS INDULGENCIAS

La doctrina acerca de las indulgencias que sostiene la Iglesia es correcta. Pero en mi opinión, aun siendo expresión de la verdad, se le pueden aplicar ciertas añadiduras que completarían más el cuadro general acerca del modo en el que actúan.

Desde niños hemos escuchado —y es algo correcto— que si Adolf Hitler o Fidel Castro o Stalin se arrepintieran en el último momento, con un arrepentimiento sincero, suficiente, irían al cielo tras purificarse en el purgatorio. Esa afirmación es correcta, ya que no hay pecado, por grande que sea, que no pueda perdonar Dios. Hasta aquí, todos estamos de acuerdo. Pero si una persona lucra una indulgencia plenaria por cualquiera de esos monstruos, ¿entraría en el cielo al día siguiente?

Si preguntamos eso a cien sacerdotes, todos se quedarían dubitativos un momento. Después, con gesto de estar poco convencidos, concluirían que, claro, que si la indulgencia es plenaria…, ¿qué otra posibilidad cabe? Esa falta de seguridad en la respuesta sería la tónica general, aunque muchos estimarían que están obligados a afirmar que creer en el concepto de indulgencia plenaria implica, necesariamente, entrar en el cielo al día siguiente, hayas hecho lo que hayas hecho. Ahora bien, ¿ese concepto teológico, el de la indulgencia plenaria, implica que el alma, necesariamente, entra de forma automática e inmediata en el cielo? Bien, voy a ofrecer mi modesta opinión.

Para la mayoría de los que están en el purgatorio común, es muy fácil que con un pequeño «empujón» entren en el cielo. Por eso, no debe sorprendernos que sea tan fácil salir del purgatorio, para la mayoría. Pero cuando hay pecados en los que se ha hecho sufrir al prójimo a sabiendas, cuando se ha buscado directamente provocar dolor en otro ser humano, entonces eso ha causado una deformación en el alma que va a requerir más tiempo corregirla. Ya no es solo cuestión de limpiar, sino también de enderezar. Ya no es solo una cuestión de arrepentirse, sino de que antes se requiere comprender. Y el alma está tan deformada que va a requerir tiempo.

Solo habiendo cometido pecados de debilidad, se sale rápidamente del purgatorio, porque la persona se duele en seguida de los errores cometidos. *No quería hacer daño a nadie*, puede decir, y es verdad. Solo buscaba placer, satisfacer mis pasiones, gozar, en eso hay poca malicia. Pero los actos en los que se busca hacer daño al prójimo producen unos efectos en el espíritu que son cualitativamente distintos de los anteriores. Cuanto más dolor quisieron provocar, más deformaron su espíritu.

La medida del dolor ajeno que desearon (aunque no lo lograran) es la medida de la malignización de su espíritu. Siendo indiferente si tuvieron éxito en conseguir ese daño, siendo indiferente si carecían de medios para llevarlo a cabo. Una persona pobre, sin poder, puede ser mucho más maligna que un dictador; lo que importa es la voluntad. El que quiso torturar ya es un torturador en su interior. El que quiso matar ya tiene alma de asesino.

Los pecados de debilidad cambian el alma, pero son más externos. Los pecados de maldad cambian más profundamente el espíritu. Es como si los débiles necesitaran un «baño», y los otros precisaran de un «hospital» donde sanar daños internos. En unos hay una mugre externa, en otros hay enfermedad interna. Ojo, todo pecado, también los de debilidad, va cambiando la mentalidad, la psicología, el alma. Pero resulta evidente que unos pecados son más externos, afectan más superficialmente al «yo». Alguien que se entrega al placer ilícito puede seguir siendo buena persona.

Alguien que trabaja en la mafia, alguien que realiza acciones horribles al servicio de una dictadura, alguien que (sin pertenecer a ningún grupo criminal) tortura a otro ser humano no sigue siendo buena persona.

Cuando se gana una indulgencia plenaria por alguien con pecados de maldad se necesitará que ese «yo» enderece todo lo torcido que hay en su propia psicología, en su modo de ver el mundo y al prójimo. De ningún modo podrá entrar en el cielo hasta que ese enderezamiento se haya producido. Podemos ganar por un monstruo una y otra indulgencia plenaria, que solo saldrá del purgatorio cuando el proceso haya finalizado. La indulgencia como «baño» produce siempre su efecto, pero puede haber necesidad de algo más que un baño. La indulgencia plenaria no es un documento que llega del cielo con la orden de ser excarcelado. Toda indulgencia (parcial o plenaria) son gracias, iluminaciones, ayudas que recibe el alma para entender, amar, dolerse del mal cometido. La indulgencia plenaria no en todos los casos logra ese efecto de forma inmediata. Hay casos en los que se necesita tiempo por más que se reciba una indulgencia plenaria que para la mayoría de los sujetos supondría el empujón final para salir del purgatorio.

Según la constitución apostólica *Indulgentiarum doctrina* de Pablo VI, vigente hoy día, el santo padre explica que para ganar la indulgencia plenaria: *Se requiere, además, que se excluya todo afecto al pecado, incluso venial.* Si esto es válido para los vivos, también para los difuntos. Por lo tanto, mientras no se dé esa situación, el alma del difunto no podrá salir del purgatorio.

Al considerar la indulgencia plenaria, puede parecer que una indulgencia parcial tiene muy poca importancia en comparación con ella. Ahora bien, aquí en la tierra no nos hacemos una idea cabal del amor y la emoción que suscita la llegada de una indulgencia parcial a estas almas que penan en el purgatorio común. Digo «emoción» porque saber que alguien se acuerda de ella y que realiza ese acto de compasión los conmueve muy vivamente. En medio de la tristeza que produce saber que la gente se ha olvidado de uno, que el mundo sigue con sus alegrías mientras uno pena, la llegada de un alivio, de una consolación, es paraellos algo que los con mueve muchísimo.

Por eso, de ningún modo, una indulgencia parcial es algo sin mucha importancia. Después de lo que he explicado comprobamos la armoniosa conjunción de indulgencias plenarias y parciales que existe en el purgatorio. Hay que evitar considerar esas dos realidades como si la indulgencia parcial fuera un montoncito de monedas frente a un cofre lleno de doblones de oro que sería la plenaria. Ambos tipos de indulgencias se conjugan armoniosamente, se complementan. Y ya se ha visto (según mi concepción de esta realidad) que la indulgencia plenaria, en muchos casos, no obra de un modo automático la salida del purgatorio. En muchos casos, es así: una acción fulminante de la gracia obrando en ese espíritu. Pero, en otros casos, habrá que esperar a que se produzca una «sanación» interior. En otros casos, pues hay monstruos, habrá que esperar muchos años a pesar de todas las indulgencias plenarias que se pudieran lucrar.

LA TESIS 82 DE LUTERO

En el fondo, la realidad teológica de la indulgencia no es otra cosa que la intercesión de Cristo, obtenida por la súplica de los sucesores de los apóstoles. Los sufrimientos de Cristo como argumento para pedir al Padre el perdón de los pecadores. Eso se traduce en una gracia que se envía al alma para que se acabe de purificar. Debo reiterar que la indulgencia no es un decreto de excarcelación, sino algo íntimo, que actúa en el alma.

¿Existe, por tanto, un «tesoro de los sufrimientos de Cristo»? Sí, sin duda. ¿Existe un poder de atar y desatar en los apóstoles y sus sucesores? Sí, sin duda. ¿El poder de las llaves se extiende a ese tesoro? El catecismo de la Iglesia católica afirma en su punto 992:

> La indulgencia es la remisión ante Dios de la pena temporal por los pecados, ya perdonados en cuanto a la culpa, que un fiel dispuesto y cumpliendo determinadas condiciones, consigue por mediación de la Iglesia, la cual, como administradora de la redención, distribuye y aplica con autoridad el tesoro de las satisfacciones de Cristo y de los Santos.

La afirmación del catecismo es correcta. Ahora bien, a veces, se ha dado la impresión de que las indulgencias son algo tan sencillo como usar una llave y abrir una puerta. La imagen de la llave es adecuada si es entendida correctamente. La imagen de la llave es adecuada, en cuanto que el sucesor de Pedro tiene la capacidad de abrir la puerta de las gracias. Ojo, también cualquier cristiano tiene la capacidad de abrir la puerta de la gracia divina a través de sus propias oraciones y ayunos. También cualquier cristiano puede orar a Dios Padre apelando a los muchísimossufrimientos de su hijo. Cierto que la situación del sucesor de Pedro a la hora de pedir indulgencias es distinta de un laico bautizado. El papa orará al Padre con la autoridad de la que está investido, orará como cabeza de la Iglesia, a su oración se unen las plegarias de toda la Iglesia; es decir, su oración recoge, asume, condensa las plegarias de todos los bautizados católicos. Tan poderosa es su oración, tan grande es su autoridad sagrada, tan notable es su postura como cabeza de un cuerpo místico, que, con razón, en este campo de las indulgencias, se puede hablar de una llave. Pero toda la autoridad sagrada de un papa no puede cambiar el ser de lascosas: si un alma no está preparada para entrar en el cielo, no va a entrar por decreto papal; si debe esperar, tendrá que esperar.

La doctrina sobre las indulgencias, es decir, la enseñanza del magisterio, es correcta. Pero qué duda cabe que es un tema en el que hay más tela que cortar. Lo que se ha enseñado no es todo lo que se puede decir sobre ese campo. Y, ciertamente, en algunos siglos, se ha ofrecido una impresión claramente mejorable de este misterio. Como si la llave de Pedro no fuera una llave de intercesión, de petición, de súplica al Padre a través del dolor de Cristo; sino que, a veces, fuera de la doctrina magisterial, más allá de esta, se ha ofrecido una impresión de automaticidad, de soberbia, de actuar como dueños, como señores. Peor todavía, en ocasiones, se ha llegado a ofrecer una impresión de compraventa. Hay que afirmarlo con toda rotundidad: ni el mismo papa puede sacar un alma del purgatorio por sí mismo. Al mismo tiempo, es correcto afirmar que una señora buena, sencilla, de mucha oración, ha sacado muchas almas del purgatorio, incluso ha podido sacar una al día. Pero ¿cómo? A través de la humildad. Ni a Dios se le puede exigir nada ni a las almas del purgatorio tampoco. La gracia no puede forzar a la voluntad humana: eso vale para la conversión, pero también para la purificación.

Al final, siempre debemos recordar que la salida del purgatorio implica la finalización del proceso de purificación. Salir antes de acabar el proceso no sería ningún bien. Pero nosotros, los viadores, podemos ayudar mucho en ese proceso.

No niego que estoy haciendo de menos la doctrina sobre las indulgencias, sino que trato de reconducir a la verdad la impresión de que, a veces, se ofrece de liberación instantánea, obligatoria, casi exigida por la autoridad de los sagrados pastores. De hecho, fijémonos en que el sacramento de la confesión tampoco actúa como una varita mágica, sino que actúa según las disposiciones del que recibe el sacramento. *Mutatis mutandis* eso vale para las indulgencias: no soy una varita mágica, pero tampoco son una mera oración. Las indulgencias son intercesión de la Iglesia, pero intercesión unida a la autoridad sagrada de los sucesores de los apóstoles.

Si todo fuera tan automático e instantáneo, si esa administración fuera tan independiente de la gracia (la cual procede de la voluntad divina) y de la libertad (del humano purgante), entonces Lutero tendría razón cuando escribió en su tesis 82: *¿Por qué el papa no deja vacío el purgatorio en acto de santísima caridad y en atención a la suma necesidad de las almas?*

Es decir, si todo fuera tan fácil como un golpe de la varita mágica, ¿por qué no vaciar el purgatorio? ¿Acaso los sufrimientos de Cristo no son sobreabundantemente eficaces para acabar con todo rastro de pecado por pequeño que sea? La respuesta es sí, en sí mismos tienen la capacidad de borrar todo reato de culpa. Pero, aplicados esos méritos de Cristo a nosotros, se precisa de la colaboración del purgante. Colaboración que se produce a lo largo de un proceso que conlleva su tiempo, de ahí la temporalidad del purgatorio.

CASOS EXTREMOS DE LARGA DURACIÓN PURGANTE

Después de todas estas consideraciones, de todos estos matices, de profundizar en la verdadera esencia del purgatorio y de las indulgencias, ¿cuánto tiempo pasarán los grandes monstruos del mal que ha habido sobre la tierra? Si se hubieran salvado, ¿cuánto duraría el purgatorio de Mussolini, de un torturador a las órdenes de Stalin, de Pol Pot? Aplicando el sentido común, da la sensación de que la purificación en ningún caso duraría menos de una gran cantidad de decenios. Lo normal, lo que parece surgir de nuestra alma como respuesta, es que su pena purgativa durará siglos. Quizá considerar una duración hasta el juicio final pueda ya ser excesiva; pero mucho tiempo, sí: ¿ochenta años?, ¿ciento veinte años?, ¿doscientos años? Nada es posible saber. Dios no lo ha revelado y la luz de la razón no ilumina ese aspecto del purgatorio.

Capítulo II.
Historia del purgatorio

PRÓLOGO

Hace años, cuando escribí las tres primeras partes de este tratado, me imaginaba el purgatorio como una serie de duraciones breves para la mayoría de las personas, y unas duraciones muy largas para las almas perdidas y para las almas que, aun habiendo pedido perdón a Dios, tenían mucho que enderezar en sus almas. Qué duda cabe de que individuos que han realizado genocidios, tremendos crímenes contra la humanidad, aunque se arrepientan y se salven, deberán pasar mucho tiempo en el purgatorio. Días o meses será la duración de la etapa purgativa para la mayoría de las almas. Decenios para una pequeñísima proporción de almas; sin excluir siglos para un menor número de esa pequeñísima proporción de almas extraordinariamente deformadas.

Cuando escribí la primera parte de este libro, en mi mente —como en el pensamiento de la mayoría de los sacerdotes— primaba una concepción individual del purgatorio, y lo consideraba como un tiempo no demasiado importante:

necesario, sí; pero no significativo. Resulta indudable que lo transcendental es el tiempo como viador (para merecer) y el tiempo como bienaventurado (para gozar de la visión beatífica). Eso no se puede negar, pero tal cosa no significa que el tiempo en el purgatorio consista en un periodo de tiempo sin fuste, sin peso.

La impresión que tengo —y sé que es una traición de mi memoria— es que, en los cinco años de estudio de la teología, durante el seminario, no dedicamos al purgatorio más allá de cinco minutos. Sin duda, para los estudiantes de muchos seminarios, la sensación que les ha quedado es queel tiempo dedicado en las clases a esta materia estuvo centrado en rebatir los errores de Lutero o en explicar qué no era el purgatorio más que en estudiar qué era esa morada en sí misma. En mi caso, durante cinco años de estudios, fuera de la asignatura de escatología, el purgatorio sencillamente no volvió a hacer acto de presencia.

Cuando escribí las tres primeras partes de este tratado, sí que abrí los ojos a la realidad de que el purgatorio era algo mucho más importante de lo que jamás hubiera podido imaginar. Aunque en ese momento, solo entendí eso para las almas perdidas. La maduración de mi compresión de esta realidad siguió avanzando; y años después, al escribir la cuarta parte de esta obra, ya estaba convencido de que para entender el purgatorio había que poner el acento no tanto en el *tiempo de encerramiento* como en comprender que se trataba de un grupo humano en el que la interacción entre ángeles, almas bienaventuradas y espíritus purgantes era mucho más rica de lo que había pensado hasta entonces. La idea de individualidades sufrientes dio paso a la idea de grupo; la idea de soledad dio paso a la de interacción.

Ahora bien, hace unos cuatro días (noviembre de 2023), di un paso adelante en esta comprensión. Me encontraba yo celebrando misa en una capilla, al modo que lo hacía el padre Pío: con mucha lentitud, en voz baja, deteniéndome cada vez que la devoción me incitaba a meditar algo; solo estaba presente una señora polaca acompañándome. En un momento dado de la Plegaria Eucarística IV, pronuncié estas palabras:

> Por eso, Padre, al celebrar ahora el memorial de nuestra redención, recordamos la muerte de Cristo **y su descenso al lugar de los muertos**, proclamamos su resurrección y ascensión a tu derecha.

Al recitar las palabras que he señalado en negrita, me detuve. Siempre había celebrado la eucaristía pensando (rememorando, meditando, imaginando) sobre todo en su pasión y en su resurrección. Durante la misa, algunas veces también meditaba otros pasajes de su vida, como su nacimiento, su ascensión…, pero nunca, en ese memorial, había conectado los ritos eucarísticos con su descenso a las moradas inferiores. Durante años había leído esa línea del misal y nunca había caído en la cuenta de ello: *Recordamos [...] su descenso al lugar de los muertos*.

Me sorprendí mucho de esta carencia por mi parte y me detuve un segundo a orar. Fue muy curioso, porque al instante me vino un pensamiento que no tengo la menor duda de que se trató de una gracia: ¡acababa de comprender otro aspecto del purgatorio! ¡Era una verdadera sociedad y en ella se daba una verdadera evolución! Por lo tanto, existía una verdadera historia de ese grupo purgante.

No tuve ninguna visión —demasiado mísero yo para algo tan grande—, pero aquel pensamiento que me vino a la mente y que duró unos cinco segundos voy a necesitar de toda esta quinta parte para explicitarlo. No apelo a ninguna autoridad divina para que el lector acepte lo que he vislumbrado, pero he creído que os interesaría saber cuál fue el origen del V capítulo que son estas páginas.

Lo que entendí en ese momento de la misa (y que jamás se me había ocurrido) era que esa morada constituía un inmenso grupo humano con sus propias interacciones internas, y que su historia había durado millares de años; y que habían experimentado fases, como ocurre con la historia de todo grupo humano, pequeño o grande. Eso fue lo que entendí repentinamente; lo que desarrolla esa idea inicial ya es de mi cosecha, pero estuvo presente en esa semilla.

EL PURGATORIO ANTES DE LA REDENCIÓN

El purgatorio, tanto antes como después de la pasión de nuestro Señor Jesucristo, es una realidad de purificación. De manera que muchas de las características que se van a afirmar del purgatorio antes de la redención valen para el que vino después. Cierto que el purgatorio previo tuvo sus particularidades, como serán señaladas aquí; pero confío en la inteligencia del lector para que entienda que no será necesario todo el tiempo estar repitiendo que solo será específico de uno u otro purgatorio lo que, de forma expresa, así se indique. Lo repito: lo que se diga del purgatorio antes de la redención suele ser válido para el purgatorio después de Cristo; salvo aquellos puntos que ya señalaré.

EL SENO DE ABRAHÁN

Jesucristo en el Evangelio habla del *seno de Abrahán* (Lc 16, 22-23). La palabra griega que usa el texto sagrado es *kolpos*, que significa «regazo», «seno»; aunque como segunda acepción significa el pliegue que se puede formar con la túnica a modo de bolsa, por la parte de delante, sosteniéndolo con ambas manos, a la altura del regazo, para llevar cosas (manzanas o nueces, por poner dos ejemplos). Hemos de entender que esto se hacía con túnicas de trabajo, no con limpias telas blancas, sino con bastas vestimentas de color pardo, por ejemplo.

En esta segunda acepción de la palabra griega se entiende mucho mejor la imagen a la que se refería Jesús. Si se refiriera a esa palabra como «seno», la imagen nos llevaría a pensar en una especie de cuerpo místico, mientras que la imagen del pliegue de la túnica formando una bolsa nos ofrece una imagen más externa, menos íntima, que considero que se ajusta más a la realidad teológica de la relación entre Abrahán y sus hijos espirituales. Hablamos de una morada, no del seno de una madre. La palabra que usa Jesús es muy adecuada: ni tan externa como un talego que se sostiene con una mano; ni tan interna como el seno, entendido como las entrañas. La imagen de la túnica que acoge, del regazo que da cobijo, es la más adecuada. En castellano se ha consolidado la expresión «seno de Abrahán» y no veo ninguna necesidad de cambiarla, aunque más exacto veo entender ese seno como un regazo.

Con esta expresión de seno de Abrahán, ¿Jesús habla de él como destino únicamente para los judíos salvos, o se refiere a él como el destino de todos los hombres que, antes de la redención, no se condenaron al infierno? Es decir, nos podemos preguntar si no hubo otros senos. Sin duda, caminaron sobre la tierra individuos santos, que se dedicaron a la oración y al ascetismo, y que tuvieron gran influencia en pueblos precristianos, guiando hacia el Creador a muchos de esos paganos. Y, aunque Jesús hablara de un regazo de Abrahán, tal vez hubiera un regazo de otros hombres no solo justos, sino eximios que antes de Cristo ejercieron como maestros de paganos, y que tal vez recibieron en el purgatorio a esas almas para continuar esa enseñanza. Enseñanza en el purgatorio que ejercieron con la ayuda de los ángeles, hasta el momento en que se abrieran las puertas del cielo.

Hasta ahora, había pensado que las almas de los muertos desembocaban en el purgatorio como un río en un gran lago: todos los espíritus de los difuntos, juntos, mezclados, caían en mitad de una gran masa de almas. Ahora me doy cuenta de que resulta más razonable pensar que cada grupo humano del purgatorio acoge a los suyos cuando mueren, y que allí se continúa la instrucción desde el punto de evolución espiritual en el que se quedaron en la tierra; es decir, son instruidos a partir del nivel de conocimiento que alcanzaron de esas realidades celestiales y morales. Nivel que no es solo de conocimiento, sino también moral, también espiritual.

Si esto es así, el grupo de los budistas acogió a los que tenían esa concepción del mundo y del más allá, prosiguiendo la enseñanza desde esa base cultural y religiosa. Me parece muy razonable esta visión del purgatorio en la que los humanos se ayudaron y se ayudan entre sí. Además, cada grupo, a su vez, recibía la instrucción y consejos de los ángeles.

EL SUFRIMIENTO DEL PURGATORIO

¿Había sufrimiento en ese purgatorio antes de Cristo? Por supuesto que sí, no todo era solo aprender y dedicarse a la oración. Pero en ese purgatorio, como en el actual, no se trataba de un sufrimiento enviado por Dios, sino del dolor que de forma natural surge al conocer el propio mal. El sufrimiento del purgatorio es el dolor del arrepentimiento. En unos será más suave; en otros, ardiente como el fuego.

En unos es más suave porque tienen menos de qué arrepentirse o porque todavía no comprenden la magnitud de su propia iniquidad. Sin duda, se trata de un sufrimiento que varía con el tiempo, que tiene no solo fluctuaciones, sino que esas fluctuaciones pueden agruparse en lo que podríamos denominar verdaderas fases. La estancia en el purgatorio tiene fases porque se produce una verdadera evolución del entendimiento y de la voluntad.

En ese purgatorio antiguo (el de antes de la redención) como en el de ahora, el dolor es como el fuego de una hoguera: se va encendiendo poco a poco, y después se va agotando. Es decir, hay una primera fase de sorpresa, de fascinación por el más allá; fase que puede durar días, pero que no pienso que vaya más allá de unos dos días. Por supuesto que yo no he tenido ninguna visión del purgatorio, pero parece claro que esa etapa de sorpresa, de aceptación de la nueva realidad, siempre es inferior a una semana. Dios ni va lento ni va con prisa, va a la medida de lo que resulta más beneficioso para el alma. Ningún provecho vendría de un choque psicológico brutal si la persona fuera golpeada por un conocimiento pleno de su propia iniquidad. El conocimiento del propio pecado puede hundir en la desmoralización, en el desánimo, en el abatimiento. Parece natural que, tras una primera sorpresa al descubrir el mundo del más allá, venga una fase en la que uno va entendiendo la verdadera magnitud de los propios pecados. Resulta lógico pensar que el sufrimiento va creciendo en la medida en que uno va comprendiendo más.

La hoguera va cobrando fuerza porque uno entiende hasta qué punto hay en uno mismo mal puro. Se comprende que *yo soy malo*. No es que esté en un sitio el *yo* y en otro el *mal*, sino que yo soy malo. Ese mal concreto soy yo. Se trata de un mal puro en el sentido de que allí no hay excusas: mi alma (despojada del cuerpo) está desnuda, se ha caído el velo de mi espíritu. Soy lo que soy, no puedo esconder mi propia maldad, no puedo echarle la culpa a nadie. Soy malo en una cierta medida, es mi voluntad, es mi culpa. Las decisiones de toda una vida me han cambiado.

El alma no tiene *per se* un aspecto visual, pero de un modo figurado unos verán que son monstruos, otros que tienen lepra, otros que supuran repugnante pus. Son comparaciones porque el espíritu es enteramente inmaterial, y todas las realidades de perversidad son enteramente espirituales. Pero, por comparación, podemos hablar de lepra. Y esa lepra no es algo externo a mí, sino que yo soy esa lepra; mi yo rezuma pus; yo soy un monstruo. Frente al Bien Infinito, uno va comprendiendo la medida en la que uno es malo. Siendo malo, ¿voy a sumergirme en ese misterio de bien perfecto?

Otros, por el contrario, incluso sin haber sido cristianos no verán en sí mismos ni lepra ni pus, pues fueron buenas personas. En algunos no se encontrará una santidad propia como la de los cristianos que cultivaron la virtud con las ayudas de los medios de la nueva alianza, pero tampoco se hallará en ellos maldad, solo pequeñas debilidades: gula, pereza, etc. Muchos estarán en tal situación de mal pequeño o mal moderado, una situación que no será muy muy mala. Pienso que esta será la situación de la mayoría: una vida con pecados de debilidad, con unos cuantos episodios de mal más intenso; muchas veces corregidos y purificados por la vida misma.

Pero no olvidemos que nuestros pecados de egoísmo, de aversión al prójimo, de dureza con el necesitado, vistos a la luz de la santidad divina, nos parecerán mucho más asquerosos de lo que podemos ahora imaginar. Aspectos nuestros que ahora nos parecen tan excusables entonces los contemplaremos en su verdadero peso y medida. La hoguera delarrepentimiento (y, por tanto, del dolor) irá ganando fuerza.

Pero, con el pasar del tiempo del purgatorio, sin duda, va predominando más el amor, la virtud de la esperanza. El purgatorio ejerce una verdadera y auténtica purificación, y así llega un momento en que ya no hay nada que limpiar en el alma. Aunque no es el tiempo el que purifica por sí mismo, sino lo que hagamos en el tiempo. Nos lavamos conforme pasa el tiempo, pero no por el tiempo, sino por nuestra voluntad ayudada por la gracia divina y las ayudas de los otros. Esos otros son los habitantes del purgatorio y los habitantes celestiales.

Para que el sufrimiento tenga efectividad se requiere entender. Sufrir por sufrir, sin saber por qué se sufre, no purifica; aunque puede preparar, a través de la humillación, para recibir esa instrucción divina. Por eso, es cierto que el purgatorio es sufrimiento, pero para que ese sufrimiento sea purificador, se requiere entender, instrucción, ayuda de otros, la acción de la gracia. Era muy variada la formación que tenían las almas al momento de arribar a ese purgatorio previo a la redención. No solo era variada su situación moral, sino también su formación previa antes de morir. Por eso, estoy convencido de que existieron otros senos junto al seno de Abrahán.

En las siguientes páginas, tanto para ahorrar palabras como para evitar errores de interpretación, veo conveniente crear un término técnico y preciso para referirnos a esta morada de la que estoy hablando. A partir de ahora usaré la palabra *kolpos* con un significado preciso que es el siguiente:

> **Kolpos:** la región ultratumba que fue el destino de todos los hombres que, al morir, no fueron al infierno; sino que aguardaron sin visión beatífica hasta que la redención les abrió las puertas de los cielos.

A esta realidad me referiré como *kolpos* o como *morada kolponiana*. Remarco que usaré ese término para referirme a todos los que murieron sin condenarse, fueran hijos de Abrahán o no. Y digo que es una región porque está compuesta de distintas moradas.

MORADAS DENTRO DEL SENO DE ABRAHÁN

Los que cayeron en el seno de Abrahán tuvieron que purificarse durante un tiempo por sus faltas. Sean cuales sean las faltas que uno haya cometido siempre son finitas; por tanto, la fase purgativa siempre dura un determinado tiempo. Después, ya limpios, esperaron el momento de la redención para entrar en el cielo. Así que nos damos cuenta, nada más empezar, de que en el kolpos hay dos estados principales: una morada purgativa y una morada en la que se hallan los ya purificados; el kolpos purgativo y el kolpos expectativo.

Para mí serían mucho más satisfactorias las denominaciones latinas de *kolpos purgans* y *kolpos aspectans* porque, más que referirnos a un «lugar» que posee esa virtud de purificar, el participio presente del latín pone el acento en la acción. Y, en el caso del *kolpos aspectans*, la palabra latina significa «esperar», pero su etimología añade el matiz de *ad + specere*, «mirar a». Curiosamente, al escribir estas líneas, pensé esos términos técnicos en latín. Pero, al traducirlos al español, me vi obligado a escoger entre una palabra que expresara o «mirar» o «esperar», tenía que elegir, mientras que el participio presente latino unía esos dos aspectos.

LIBRE ALBEDRÍO EN EL KOLPOS

Aquí se nos plantea una pregunta: si millones de personas, antes de Cristo, ya estaban purificadas, ¿qué sentido tenía hacerlas esperar para que gozaran de la visión beatífica? No estamos hablando de que esperaran unos días, sino miles de años. Alguien me dirá que el evo es un tiempo diferente del de la tierra. Sí, ciertamente, pero, en cualquier caso, miles de años se viven como un tiempo muy largo tanto inmersos en el tiempo material como en el tiempo espiritual (el tiempo évico). Y eso sin contar con que el tiempo del evo puede sentirse transcurrir incluso más lento que el tiempo material.

Voy a dejar sin responder esta pregunta de para qué hacerles esperar porque a ella se añade una segunda pregunta cuya respuesta puede iluminar la primera. La segunda gran cuestión que se plantea es si seguían siendo viadores. Si formulamos la pregunta así, obtendremos un «no» unánime de todos los teólogos, y sería una negativa correcta. Ahora bien, replanteemos la pregunta: ¿hubiera podido pecar alguna alma que estaba en el kolpos? No eran viadores, está claro, ¿pero podían pecar?

La razón por la que los bienaventurados no pueden condenarse es porque nadie que contemple la esencia de Dios será capaz de escoger ningún bien menor deforme en trueque de ese Bien Infinito. Viendo su esencia, el mecanismo de engaño que subyace en la comisión de todo pecado queda arrasado para siempre por la ola de conocimiento de lo que es ese Ser, que es felicidad suprema. Además, el estado de bienaventuranza es transformativo. No es solo que veamos y entendamos; sino que, además, alcanzamos una santidad en la que el mal no tiene cabida. Sea dicho de paso, lo mismo (para mal) podemos decir del estado de reprobación: vivir en el rechazo definitivo de Dios transforma, vivir en el infierno (con esos moradores) cambia el alma.

Está claro que los que gozan de la contemplación de la Sustancia Divina ya no pueden pecar, pero ¿y los que estuvieron en el kolpos? ¡Todavía no habían visto la faz de Dios! ¿Qué podía impedir que pecaran? ¿No se encontraban en una situación en todo similar a aquel periodo del evo en el que los espíritus angélicos ya estaban creados, pero todavía no habían entrado en la visión beatífica? En esa situación, algunos espíritus angélicos pecaron. Sin ver al Creador, ¿los moradores del kolpos hubieran podido pecar?

La respuesta a esta cuestión parece no tener tanta importancia si hablamos de un purgatorio que dura cuatro días o una semana, pero sí que se plantea en toda su profundidad si hablamos de un kolpos que dura mil años o más. Tengamos en cuenta que, según la cronología bíblica, pasaron cuatro mil años desde Adán hasta la redención de Cristo. A estas dos preguntas —¿para qué hacerles esperar?, ¿pueden pecar?— se añade una tercera pregunta que es si pudieron merecer. ¿Podían obtener algún mérito los que tuvieron esa larguísima estancia en el kolpos?

LA CUESTIÓN DEL MÉRITO EN LA ESCA-
TOLOGÍA INTERMEDIA

Ante estas tres cuestiones, solo puedo evaluar distintas hipótesis. ¿Hay algún problema teológico en poder merecer hasta el momento de entrar en el cielo? Sin duda, no hay ningún obstáculo teológico para que existan tiempos de merecimiento muy largos sobre la tierra; pues hallamos en las genealogías a siete patriarcas antediluvianos cuyas existencias sobre la tierra duraron más de novecientos años. Hay mucha diferencia entre un tiempo de viador de setenta años y otros de novecientos; también la hay entre un joven que murió a los dieciocho años y un Jared (cuyo retataranieto fue Noé), que murió a los 962 años. Hago notar que estas largas vidas no fueron privilegio exclusivo de la descendencia lineal de los que aparecen nombrados en la genealogía que aparece en el Génesis, sino que la longevidad fue similar en todo el árbol de descendientes en sus ramas laterales. Sin duda, gozaron de vidas de ochocientos y novecientos años los hermanos, los sobrinos y demás ramas.

Aclaración acerca de los años de las genealogías:

Soy muy consciente de la postura de la mayoría de los exegetas actuales acerca de las edades de los patriarcas antediluvianos. Sencillamente, no creen que vivieran esos años. No creen en la inerrancia histórica de las escrituras; así que, para ellos, esas edades no plantean ningún problema.

Otros exegetas, que sí que creen que la escritura no puede contener ningún error, afirmarán que sí que vivieron esos años, pero añadirán que la Biblia no dice qué duración tenían esos años allí mencionados

Mi interpretación coindice con la explicación que da san Agustín en la Ciudad de Dios: sean años lunares o solares, eran años como los nuestros. El santo ofrece una magnífica argumentación acerca de cómo las edades fueron decreciendo con el pasar de las generaciones. Ese decrecimiento paulatino hizo que los hombres, en tiempos del rey David, acabaran viviendo unos setenta años

¿Cómo pudieron vivir tantos años? Adán y Eva tenían cuerpos salidos de las manos de Dios, aunque Él tomara una materia viva preexistente, de manera que eran cuerpos perfectos, cuerpos pensados para los príncipes de la creación. En ellos todavía no había genes defectuosos, por eso pudieron casarse entre hermanos. Después, la corrupción moral provocó una decadencia física.

Convenía que, al comienzo de lahumanidad, las existencias sobre la tierra fueran longevas para que se acumulara la experiencia y el saber.

Pero no olvidemos que, si uno no acepta la cronología bíblica, los argumentos de la presente obra acerca del purgatorio todavía adquieren más fuerza en el caso de que fuese verdad la hipótesis de datación del comienzo de la humanidad más comúnmente aceptada entre los científicos, los cuales afirman que la especie humana moderna (el *Homo sapiens*) existe desde hace doscientos mil años. Yo, entre las dataciones de losantropólogos y la de la Biblia, me quedo con la enseñanza de las escrituras. Tras la presente aclaración, prosigo con mi texto acerca del purgatorio

Resulta indudable que, en el cristianismo, siempre ha existido la creencia de que únicamente en la etapa de viador se puede ganar mérito. Desde la primera predicación del Evangelio, estimo que ha sido una verdad aceptada de modo pacífico por todos que solo hay una etapa en la que se pueden ganar méritos. No puedo ofrecer ningún otro argumento que esta conformidad universal de parecer, a la que me uno. Es decir, me sumo a esa unanimidad que sostiene que el tiempo de merecer es solo el tiempo que vivimos sobre la tierra. Aunque esta afirmación no desmerece por el hecho de que se le añadan algunos matices y consideraciones que son los que voy a hacer ahora.

LA MEJORA ACCIDENTAL DEL GRADO DE GLORIA

Me atrevo a sugerir como hipótesis que, siendo el del periodo kolposiano un tiempo tan largo para muchos individuos, tal vez sí que se pueda dar una mejora accidental del grado de gloria. Es decir, al morir queda determinado nuestro grado de gloria esencial, pero sí que se pueden experimentar mejoras accidentales dentro de ese grado. De hecho, los lectores que hayan leído mi libro *Las leyes del infierno* recordarán que allí mencionaba que caben cambios accidentales de felicidad y tristeza tanto en el cielo como en el infierno, aunque sin variar el grado esencial en el que uno se situó tras la etapa de viador. Considero que se puede aplicar el mismo criterio para las moradas kolposianas.

Pero al «andar» con la luz de la razón a través de estas moradas que hay más allá de la tumba observamos posibilidades que no dejan de plantearnos interrogantes y más interrogantes. Por ejemplo, sin duda, hubo algún niño nacido en esta época antediluviana que murió con dos o tres años de vida. En ese caso, antes de entrar en el cielo, tenemos un alma que vivió tres años sobre la tierra y más de dos mil años en las moradas kolposianas.

En casos así, podemos desentendernos alegando que todo es un misterio y que no sabemos nada, y de este modo dar carpetazo al asunto; o podemos preguntarnos si ese niño podía merecer o no. La respuesta será aplicable a millones de almas de niños nacidos antes de Cristo. La naturaleza de esa morada cambia mucho si solo pueden esperar, es decir, si meramente se limitan a aguardar sin gozar ni sufrir; o si pueden ganar mérito para la eternidad.

No podemos dar la espalda a esta cuestión, pues hay varios hechos indudables:

—Las llamemos «seno de Abrahán» o como queramos, no hay duda de que las moradas kolposianas existieron.
—Hubo niños que vivieron brevísimas estancias sobre la tierra seguidas de prolongadísimas estancias en esa región espiritual.

—Dios siempre busca lo mejor para el desarrollo de los espíritus.

—No parece razonable que Dios otorgue un tiempo ultratumba larguísimo dotado de poca entidad.

Resulta indudable que un tiempo de vida que ni tiene ya un sentido purificatorio (el kolpos purgativo dura solo un tiempo limitado) ni es todavía visión beatífica ni tiene ninguna repercusión meritoria sería un periodo dotado de poca entidad. Si eso es así, se trataría de una espera y solo de una espera. Pero ¿qué impide que el kolpos expectante pueda ser un tiempo santificador? Si es un tiempo santificador, tiene una repercusión en la eternidad. La disyuntiva que da la sensación de que aparece ante nosotros es esta: ¿o una simple espera o una segunda etapa como viadores?

En mi opinión, la verdad está en la posibilidad intermedia: sí que se puede producir un cambio accidental respecto al grado esencial. El grado esencial queda fijado en nuestra etapa de viadores, pero el tiempo de purgatorio permite hacer actos libres, actos en los que la voluntad se esfuerza más o menos, mejor o peor; y eso sí que tiene una repercusión en el grado de gloria, aunque sea una repercusión accidental.

Menciono que el tema de los niños que, de hecho, carecieron de un tiempo de viadores (por morir antes de despertar al uso de razón) lo analizaré con más detenimiento un poco más adelante, pues se trata de una categoría de almas completamente especial que requieren de una morada específica para ellos.

EL DESCENSO DE CRISTO A LAS REGIONES INFERIORES

La predicación de Cristo en las moradas kolposianas —la predicación y su gracia— otorga una impresionante entidad a ese descenso a los infiernos, entendidos los infiernos (*inferí*) como moradas inferiores. Cierto que Cristo resucitó al tercer día, pero su predicación en el evo pudo ser muy larga. ¿Cuántas fueron las acciones de Cristo con esas almas? Solo en el cielo lo sabremos, pero pudieron ser muchas en número. Sin duda, hubo acciones de Cristo de carácter colectivo; y otras de carácter personal, contempladas por todos los moradores del kolpos. En eso, todo fue parecido a los años de vida pública sobre la tierra. Las acciones de Cristo con un ciego o con un sordo o con tantos enfermos tuvieron su correlato con esas almas sin cuerpo. Dígase lo mismo con los actos en que actuó como maestro. Si bien su manifestación en esas moradas inferiores ya no fue como humilde viador, sino como triunfante rey.

Esas almas del kolpos habían acabado su tiempo como viadores, su grado esencial de virtud había quedado fijado, pero la venida de Cristo permitió la realización de un acto personal de aceptación de Dios, de amor a la Santísima Trinidad, de reconocimiento de la realeza de Cristo. Esa aceptación, ese reconocimiento, ese acto de fe, de obediencia, de sometimiento, fue su bautismo. No se trató de un bautismo material, pero la gracia bautismal recayó sobre ellos.

Jesucristo, fuente de todos los sacramentos, no requería de agua material ni de la recitación de una fórmula para otorgar la misma gracia. Por su sola voluntad, el efecto se otorgaba. La humanidad previa a la encarnación recibió un agua espiritual que la bautizó en la fe en ese Creador Uno que se había revelado como Santísima Trinidad. Tras eso, millones y millones de almas pudieron entrar en el cielo. La escena debió de ser espectacular, única, irrepetible. Una escena que manifestaba el cambio de era en la humanidad. Un eco, una consecuencia inmediata, de la cruz del calvario, que es el punto exacto en que se produce el cambio. El punto que marca un antes y un después para siempre. La apertura de las compuertas de las moradas ultratumba para entrar por las puertas del reino de los cielos.

En el purgatorio actual, para los cristianos que se han arrepentido al morir la situación es inversa a la descrita. Un cristiano que ha pedido perdón de sus pecados, que ha realizado un acto de sumisión a Jesucristo, después cuenta con un tiempo para purificarse. Mientras que, en el larguísimo kolpos, primero se purificaron, después recibieron ese bautismo universal del mismo Mesías. Seguro que todos, paganos y cristianos, gozaron de alguna visión justo antes de morir, visión que los llevó al arrepentimiento y al sometimiento a un Creador bueno. Pero fue después, en el kolpos, donde los paganos se purificaron de acuerdo a ese conocimiento recibido en el momento de la muerte y a la instrucción que se les añadió en esa morada. De manera que tras la venida de Cristo pudieron entrar directamente en el cielo. Ya se habían purificado, ya estaban preparados para recibir la gracia definitiva, la gracia que consumaba el perfeccionamiento del kolpos expectante, la coronación del proceso. Por eso digo que la situación fue la inversa antes y después de Cristo:

—En el kolpos primero se purificaron con una larga espera y después recibieron la gracia bautismal, un bautismo espiritual.

—En el purgatorio actual, los cristianos primero fueron bautizados (con un bautismo material, el sacramento del bautismo), después se purificaron.

Cuando hablo del bautismo material, me refiero al sacramento del bautismo, con el derramamiento de agua. Cuando hablo de bautismo espiritual, me refiero a la recepción de la gracia del bautismo sin concurso de signos materiales, pues son almas sin cuerpo. Esta realidad es lo que ha sido llamado bautismo de deseo.

Como se ve, en el caso de los paganos, la purificación en el purgatorio precedió al conocimiento de Cristo y su mensaje. En el caso de los cristianos, el conocimiento del Evangelio precedió a la purificación.

¿Todos recibieron ese bautismo universal? No, aquellos cuyo estado era irreversible fueron encaminados directamente al infierno, donde no recibieron esa gracia transformadora. Desgraciadamente, considero que algunos espíritus, libremente, se endurecieron en el pecado hasta la irreversibilidad. Pero no es lo mismo abrazar el mal deliberadamente, hasta el extremo, después de haber conocido el mensaje del Evangelio, que pecar mucho y gravemente sumido en las tinieblas del desconocimiento de Dios. Estoy convencido de que hubo condenados al infierno antes de Cristo —¿quién sabe el número?—, pero ese hecho diferencial de conocer o no a Cristo es muy importante a la hora de tomar una decisión definitiva. Por más que se acumulen crueldades, no es tan fácil rechazar para siempre al Bien Infinito si se le conoce de forma muy deficiente.

Por eso, estoy convencido de que los paganos que estaban en una situación espantosa en sus almas, al borde de la condenación eterna, recibieron una visión del cielo para intentar *in extremis* que no cayeran en el abismo del que no se sale. Pero sí, estoy seguro de que un número indeterminado rechazaron decididamente esa acción poderosa de Dios en sus almas. Un rechazo tal que habría sido indiferente conocer o no el mensaje de amor predicado por Jesucristo. De manera que cuando Jesús descendió a las regiones inferiores, había réprobos (en el infierno), almas todavía purificándose, y espíritus ya limpios que aguardaban la salvación que traía el Mesías.

¿Entraron en el cielo los moradores del kolpos purgativo? En mi opinión, sí. La gracia que fue el descenso de Cristo a las regiones inferiores fue tan arrolladora que provocó actos de fe, esperanza y caridad tan intensos que quedaron purificados. Todas las puertas de las moradas kolposianas se abrieron porque todos quedaron transformados. Lo mismo que sucedió con el buen ladrón crucificado en el Calvario: *En verdad te digo que hoy estarás conmigo en el paraíso* (Lucas 23, 43).

¿Esto significa que se les perdonó la transformación personal a los moradores del kolpos purgativo? No, lo que ocurrió fue que la gracia que supuso vivir ese momento fue increíblemente transformativa. El descenso de Cristo fue un episodio único e irrepetible, como una inmensa ola de gracias. Aun así, considero que hubo almas, las menos, cuyas disposiciones no permitieron recibir ese diluvio de perdón y tuvieron que esperar en el kolpos purgativo. Almas cuyo estado requería un tiempo de cambio, porque ni siquiera esa gracia inmensa podía provocar en un momento un cambio que solo se podía dar con el concurso del tiempo y el esfuerzo.

De manera que el año jubilar, la apertura de las compuertas de las moradas de ultratumba, no significó que los moradores del infierno y algunos purgantes pudieran entrar. Por inmensa que sea una tormenta que cae en un desierto atormentado por la sed, por abundante que sea el diluvio que todo lo inunda, podemos estar seguros de que habrá partes en ese terreno que se mantendrán completamente secas. Habrá cuevas lo suficientemente profundas para que no entre nada de agua en ellas.

En otras profundidades, entrará solo una pequeña parte de agua que no calmará la sed eterna que hay en ellas, pero algo de esa lluvia del cielo entrará hasta allí. Estas cuevas son símbolo de las almas que, sin arrepentirse, sí que las enseñanzas del Mesías (en su descenso a los infiernos) supondrán una mejora de su estado, aunque siga manteniéndose **para ellas** un estado de condenación. Sería más adecuado afirmar: «aunque manteniéndose **en ellas** un estado de condenación». E incluso sería más preciso decir: «aunque **ellas mismas** sigan siendo condenación». Ciertamente la condenación es para esa alma, la condenación está en esa alma, pero refleja mucho mejor la realidad entender que el yo se convierte en condenación, que el yo es rechazo definitivo. Para que sea definitivo tiene que ser perfecto. Solo esa perfección permite que no haya ninguna fisura por donde pueda entrar el agua de redención que permita que brote algo.

Siguiendo la imagen que compara el descenso de Cristo a las regiones inferiores con un diluvio universal —universal en las moradas ultratumba—, en otras rocas de la superficie la inundación impregnará su superficie, pero requerirán tiempo para que penetre hacia el interior. Estas son símbolo de las almas purgantes que requerirán de algo de tiempo para asimilar todo y cambiar

EL DESCENSO DE CRISTO AL INFIERNO

Aquí hay que recordar la enseñanza de santo Tomás de Aquino acerca del modo en que un espíritu está en un lugar. Un alma está en un sitio en cuanto que obra allí. Si el alma de Jesús predicó también a los condenados en el tártaro, se puede decir con toda verdad que estuvo en el infierno.

Podríamos pensar que la venida de Cristo no fue contemplada por los habitantes del infierno. ¿Para qué si ellos no iban a salir de ese estado definitivo? Ahora bien, incluso para ellos, aun negándose a acoger el arrepentimiento, fue un verdadero impacto. Para los réprobos, la predicación de Cristo también fue instrucción que les guio en su modo de conducirse en la condenación. Los réprobos no pueden arrepentirse, pero sí que mantienen el libre albedrío: pueden tomar decisiones, realizar actos, mejores o peores. También para ellos esa venida fue instrucción, también fue medicina. La predicación de Cristo fue mucho más que recibir unos cuantos consejos acerca de cómo vivir sin Dios, seguro que les ofreció todo un camino. «¿No me queréis aceptar como Salvador? Bien, así sea.

Pero, al menos, conducíos de tal manera. Vivid vuestro tiempo bajo tal o cual perspectiva». Tal pensamiento puede parecer que es demasiado especulativo, pero ¿las parábolas no eran acaso lecciones de ese tenor? Es cierto que las parábolas tenían un fin salvífico y santificador, pero eso no significa que la eternidad en el infierno no pueda ser vivida de distintas maneras por seres dotados de libre albedrío.

Los réprobos no pueden hacer un acto de voluntad que sea un arrepentimiento que conduzca a la salvación, pero sí que pueden realizar actos de arrepentimiento acerca de actos concretos, sí que pueden enmendarse (parcial o totalmente) de determinados vicios. Ese mayor o menor arrepentimiento, esos propósitos que se cumplen, sí que suponen una mejora de su existencia en el infierno. Recordemos la parábola del rico Epulón: hace un acto bueno a pesar de estar en un lugar de condenación. Alguien podría alegar que tal vez ese lugar de sufrimiento era el purgatorio, y que por eso desea el bien a sus hermanos; pero recordemos que en Luc 16, 26 se afirma: *Entre nosotros y vosotros ha sido fijado* (esteriktai) *un gran abismo* (jasma), *de manera que aquellos que quieran pasar de aquí a vosotros no pueden hacerlo, ni de allí a nosotros pueden pasar* (o cruzar). Esa afirmación de la incomunicación no sería verdadera en el caso del purgatorio. La Iglesia siempre ha predicado la comunión de los santos, entendida como interconexión entre la Iglesia militante, purgante y triunfante.

Sí, el impacto de la venida de Cristo a las regiones inferiores incluyó el infierno, no de un modo salvífico, pero sí como medicina para su dolor. Por supuesto que seguro que hubo almas que no aceptaron nada de nada de lo que les dijo Cristo a los condenados. Seguro que hubo espíritus cuya única reacción fue la rabia.

EL DESCENSO GLOBALMENTE CONSIDERADO

Como se ve, el descenso a las regiones inferiores no fue un paseo prescindible, sino un acto basado en la efectividad de los actos del alma de Jesús con aquellos que eran almas. No bajó simplemente a decirles que las puertas del cielo ya estaban abiertas —aunque eso también—, sino que vino para predicarles y para que vieran con los ojos del alma lo que había sido la redención, toda ella: predicaciones, milagros, su pasión. No fueron solo palabras, pudieron ver. No solo fue predicación, tal vez también hubo diálogo, y reconocimiento público de su realeza por parte de las cabezas de esa sociedad purgante.

Desde esta perspectiva entendemos con mayor profundidad las palabras de san Pablo si las referimos al descenso de Cristo a las moradas kolposianas: *Al nombre de Jesús toda rodilla se doble en los cielos y en la tierra y **bajo la tierra**; y toda lengua confiese que Jesucristo es el Señor, para la gloria de Dios Padre* (Filipenses 2, 10). Es cierto que esas palabras acerca del señorío de Cristo se pueden aplicar al infierno, pero se aplican al kolpos de un modo completamente especial, tal como he tratado de mostrar.

Y lo mismo se aplica a este versículo: *Por esta razón Cristo murió y vivió* [de nuevo], *para que pudiera ser Señor tanto de los muertos como de los vivos* (Romanos 14, 9). Su descenso a los infiernos fue **proclamación** (de la redención), **reconocimiento** (de los muertos) y **entrada triunfante** de todos en el cielo; todos los que podían entrar en ese momento.

También se le puede dar una interesante relectura a este versículo: *Pues como Jonás estuvo en el vientre del cetáceo* (ketous) *tres días y tres noches, así estará el Hijo del hombre en el corazón* (kardia) *de la tierra tres días y tres noches* (Mateo 12, 40). Del mismo modo que en el Apocalipsis la Bestia es símbolo del reino (Estado) cuya cabeza es el anticristo; así este cetáceo es símbolo de todo el infierno, cuya cabeza es el diablo. De manera que se puede interpretar como que Cristo en su descenso al infierno estuvo en el vientre o en las entrañas del infierno. La palabra griega *koilia* significa «vientre, entrañas, garganta, seno». Si unimos las dos palabras griegas (*ketous* y *koilía*), podemos darle un sentido muy interesante a ese versículo: Jesucristo estuvo en el **corazón** de la tierra; esto es, en lo más profundo de esa morada subterránea; pero también estuvo en las **entrañas** del infierno; es decir, en las entrañas impuras donde moran los réprobos.

CARACTERÍSTICAS DEL PURGATORIO

En este momento del libro abordo la reflexión acerca del purgatorio en general. Ahora bien, las referencias a las moradas kolposianas volverán a aparecer a menudo pues tanto aquellas pretéritas como las actuales moradas del purgatorio forman una unidad como tiempo de purificación.

LA CUARENTENA DE EDAD COMO TIEMPO DE MADUREZ

El caso de los niños muertos sin uso de razón lo abordaré más adelante, pues son un caso especial. Pero, dejando aparte el caso de los infantes, es un hecho que hay almas que solo cuentan con treinta años como viadores y otras con ochenta años. Qué pueda haber en la decisión de Dios respecto a cada uno de sus hijos solo Él lo sabe. Pero algo de luz a toda esta cuestión puede darnos el hecho de que, en la mayor parte de los casos, las almas humanas se determinan en un cierto número de años, los primeros de la vida: hasta los treinta o cuarenta años. De manera que, aunque se prorrogue el tiempo como viadores hasta los setenta u ochenta años, su grado esencial ya no varía en la gran mayoría de las vidas humanas. No hace falta insistir en que esto es lo usual, hay excepciones; pero la regla general es la que he expresado. Por supuesto que es posible la conversión. Sin embargo, la regla es que, a mayor edad, menor es el número de esas conversiones. Aquí, cuando estoy hablando de conversión, me estoy refiriendo no solo a la conversión a la fe (a descubrir la fe), sino también a la conversión a una vida mucho más entregada a la oración, a la vida espiritual, a la caridad.

Quizá una vida de novecientos años y una de cincuenta ya no supongan un gran cambio entre una y otra en lo referente a la maduración espiritual de un alma. Quizá por eso, incluso los santos místicos que vivieron en las más altas alturas del amor de Dios, acabaron sus vidas en las edades usuales de los hombres. Si hubieran seguido progresando en su nivel espiritual, lo lógico habría sido dejarles más tiempo.

De hecho, aunque una vida normal humana, hoy día, tiene una duración que va de los setenta a los ochenta años, lo cierto es que la determinación del grado de amor a Dios suele quedar fijada en la primera etapa de vida. Resulta evidente que hay conversiones después de los cuarenta y de los cincuenta años, pero son rarísimas con más de sesenta años y muchísimo más inusuales a partir de los setenta años de edad.

La mayor parte de los seres humanos (tanto en los regenerados por el bautismo como entre los paganos) el grado de virtud, de amor a Dios, de vida espiritual suele quedar esencialmente fijado en el periodo de vida que va hasta los veinticinco años o treinta años de edad. En los años siguientes, hasta los cuarenta y tantos años de edad, ese grado se lleva a su consumación, es decir, se perfilan los detalles de las virtudes. Aquí hablo desde la experiencia como director de almas y confesor durante toda mi vida sacerdotal: hay una etapa de crecimiento (hasta los veinticinco años de edad), una etapa de consolidación (hasta los cuarenta años) y a partir de entonces (como si de una obra de arte se tratara) se perfilan y mejoran los detalles; como un pintor que retoca tal o cual pormenor de su óleo.

De hecho, la imagen de cómo se desarrolla un cuadro desde que es un lienzo en blanco hasta que el artista abandona la obra es un ejemplo muy adecuado para el desarrollo espiritual de las almas. Y es que en el mundo de la literatura llega un momento en que el artista «abandona» la obra, porque de por sí el artista podría seguir mejorándola sin fin.

Tanto en literatura como en pintura, la etapa final no es nada despreciable. Es la fase en la que el pintor añade matices, veladuras, rugosidades y tantas otras cosas que hacen que la obra sea mucho más bella, aunque el cuadro ya no cambie sustancialmente respecto a su fase de, digamos, crecimiento y consolidación. Este del pintor es un ejemplo adecuado, aunque no perfecto, porque cuando hablamos de evolución espiritual hablamos de vida, de vida que se desarrolla.

En el resto de la vida, sobre todo, a partir de los cincuenta años de edad (más o menos), esa labor de perfilar las virtudes se reduce muchísimo más, produciéndose una progresiva petrificación de la personalidad. El carácter cambiará, sí, pero lo hará más bien por efecto de la vejez: alguien al envejecer se puede tornar más calmado o más reflexivo o más gruñón o más exigente, pero su carácter (por regla general) se mantendrá sustancialmente igual al de la etapa madura; es decir, al que tenía entre los cuarenta y cincuenta años. Es decir, el hombre bueno seguirá siendo bueno, el hombre malo seguirá siendo malo; el egoísta, el amable, el cariñoso siguen manteniendo sustancialmente su carácter, salvo en aquellos casos en que eso que hemos dado en llamar la *senilidad* irrumpa cambiando radicalmente el carácter. Esto es mucho más acusado en el caso de las demencias. Pero sin llegar a la demencia, sí que hay ancianos en los que algún tipo de cambio (quizá neurológico) produce una mutación tal que los de alrededor entienden que *él ya no es él*, que ese no es su carácter. Pero probablemente ese tipo de cambios seniles tengan que ver con algún deterioro neurológico, pues en el resto de los casos el carácter del yo se mantiene sustancialmente igual hasta el final.

Pero esta etapa final de la vejez en que la senilidad ha invadido la psicología ya no cuenta. Con toda verdad se puede decir incluso de los más grandes hombres que ya «no son ellos». El verdadero carácter, sin culpa alguna, aparece sepultado bajo una serie de problemas neurológicos. Por debajo de la superficie, por debajo de los problemas de senilidad, el alma se mantiene sustancialmente igual. Si a un paciente se le suministran determinadas drogas, actuará de forma muy distinta, pero el yo sigue igual debajo de la superficie. Esta conformación del yo que llega a una fase de consolidación y consumación es por lo que considero que fue una muestra de la sabiduría divina el que los seres humanos viviéramos los años que usualmente vivimos, no hacen falta más. Por más que se añadieran años, el alma ya no cambiaría mucho.

Entre los antediluvianos, las existencias eran mucho más largas; pero considero que sus almas se determinaban en los mismos años que ahora. Según mi parecer, la consumación se alcanzaba a los cuarenta y tantos años, el resto de la existencia era una prórroga de ese estado del alma ya alcanzado. Por supuesto que, entonces como ahora, habría excepciones. Entendida la vida humana sobre la tierra de acuerdo a esta regla del tiempo natural de la madurez, ya no tiene tanta importancia que uno deje este mundo antes o después.

Si un millón de niños bautizados mueren a la semana de vida, todas esas almas se salvarán. Ahora bien, el tiempo de viador es necesario si queremos ir más allá de la base mínima necesaria para la salvación. Lo que se construye por encima de esa base mínima requiere tiempo, esfuerzo, un maravilloso concurso entre la voluntad de Dios y la voluntad humana. El transcurso del tiempo en ese estado de viador resulta necesario para el crecimiento.

Crecimiento, tiempo, esfuerzo, libre albedrío, sacrificio, comprensión y todo tipo de gracias se entretejen en una maravillosa armonía, en un crecimiento espiritual. Eso sí, casi todos los hombres, al cabo de unos treinta o cuarenta años, alcanzan un nivel concreto de virtud que ya no suelen superar de forma sustancial. Pueden hacerlo, nada les impide ir más allá de ese nivel, pero el alma se va petrificando poco a poco.

Por más invitaciones que provengan del cielo, el libre albedrío no   suele ir más allá de ese nivel; por lo menos, no de forma sustancial, insisto. Los decenios siguientes consolidarán ese grado, sin que eso sea óbice para crecimientos accidentales, para mejoras parciales. Reitero que hay excepciones, pero pocas.

Observemos que esto es igual en el arte. Un pintor, un escultor, un músico siempre pasan por una fase de aprendizaje, de crecimiento. Después de un determinado número de años, llegan a la madurez como pintor o como escultor o como músico. En esa etapa de madurez, aparecen las mejores obras. Pero, dure lo que dure la etapa de madurez, por larga que sea, las obras se mantienen en un cierto rango, ya no se sigue creciendo; normalmente, no. Por supuesto que la vejez, en la mayoría de casos, supone la mengua de las capacidades y las obras se resienten. Pero lo interesante es que, alcanzada la etapa de madurez, aunque esa etapa dure diez o veinte o treinta años, la capacidad para superarse alcanza un tope. En el arte, suele ser así. Por eso considero que se trata de una buena comparación para lo que sucede con el alma.

En el caso de la música o de la literatura, puede parecer que es un poco distinto, pues en la vejez se puede crear una obra muy emotiva o muy sincera, pero lo dicho vale para todas las artes. Tras leer la biografía de Ramanujan, me consta que, en el caso de los grandes matemáticos innovadores, los creadores de nuevas teorías, lo que he dicho es válido también. La fase creativa más fecunda llega hasta cierta edad, también en los matemáticos.

Desde esta perspectiva, una vida extremadamente larga ya no cambiaría radicalmente el grado de santificación. Es posible la conversión en cualquier momento de la vida, pero la santificación sigue una especie

de ley de la madurez de la que es muy difícil salirse. Esto se aplica al periodo tan largo como viadores que tuvieron algunos humanos antediluvianos, y también se aplica a su fase en el kolpos.

Como vemos, tanto en la etapa de viador como en el purgatorio, la relación entre gracia y naturaleza se inserta en ese marco de crecimiento y consumación; entendiendo que la fase de crecimiento sustancial solo se puede dar en la fase de viador.

Esta relación entre gracia y naturaleza (y, por tanto, su carácter progresivo) es el eje central alrededor del cual gira todo en el purgatorio. Las moradas del purgatorio necesariamente son diversas, su duración, la interacción entre los celestes y los purgantes se basan en ese eje. Y escribo «eje» (elemento que indica movimiento) en el propósito de que se entiendan estas moradas como progresión, como evolución, como transformación. Hay que abandonar la idea de un purgatorio estático, con la inmovilidad de una celda en la que el tiempo se hace eterno para el encerrado en ella.

El entero purgatorio se articula con base en las necesidades de la naturaleza cuando en ella actúa la gracia. Necesidades… La voluntad es libre, pero el desarrollo de la vida espiritual sigue unas leyes. A veces podemos tener la sensación de que la voluntad puede hacer lo que quiera sin ninguna limitación: puedo llegar a ser lo que quiera, puedo transformarme como quiera. Pero, aunque en cada ocasión soy libre para tomar una decisión, lo cierto es que la suma de millares de decisiones se va conformando a través de una serie de leyes que son explicadas por muchos libros que hablan de la evolución espiritual: evolución para bien hacia la santidad; o para mal, hacia un mayor alejamiento del Creador. Esas leyes desgranan una serie de conveniencias, una serie de necesidades, que configuran el por qué el purgatorio es como es. En estado intermedio las cosas no son porque caprichosamente el Hacedor así lo ha decidido. Dios sigue una lógica, el ser de las cosas implica qué camino es el más adecuado para seguir, o el único que seguir. En el caso de la condenación eterna, ese es el camino único en el que se concluyen las decisiones de la criatura. En ese caso, permitir la condenación eterna no es una posibilidad entre las distintas opciones de Dios, sino la única posible. Quitar la existencia de esa criatura sería peor, sería un mal más grande. En ese caso, Dios mismo se ve abocado a seguir un único camino: permitir su existencia doliente.

LA ILUMINACIÓN EN EL ÚLTIMO MOMENTO DE VIDA

Un hecho que hay que añadir a esta regla general de la petrificación del carácter es algo que puede parecer una contradicción con lo dicho, pero no lo es. Y es que estoy seguro de que, en el último momento de vida, a la mayoría de los seres humanos les sobreviene una iluminación procedente del cielo para que crean en ese Padre amoroso, para que lo amen, para que se arrepientan de sus pecados. Estoy seguro de que, en esos últimos momentos de vida, la gracia que toca el alma en lo más profundo salva a la mayoría de los individuos.

Ahora bien, esa moción sobrenatural actúa en la naturaleza. Es decir, cuando nace el amor a Dios en una persona que ha sido atea toda su vida, ese amor se inserta en su psicología, en su carácter, en sus virtudes. Ama según sus virtudes, según su propia bondad, de manera que el grado de amor a Dios estará de acuerdo al sustrato en el que se ha derramado la gracia. La caridad y bondad de una persona salvada en el último momento como viador alcanzará el grado de amor a Dios que sea posible según el sustrato del individuo.

El ateo que fue caritativo con el prójimo, desinteresado y buena persona, aun salvado en el último momento, podrá hacer un acto de amor a Dios de carácter e intensidad muy distinto al de otro individuo, aunque creyera en un Dios único, pero que fue mala persona, egoísta e hizo sufrir a los demás. El grado de gloria eterno de estos dos individuos será muy distinto, pues cada uno tendrá un nivel de amor muy diferente.

Hay quienes ven el cristianismo como si fuera un club. Si perteneces a ese club, ya tienes automáticamente asegurado un futuro grado de gloria mucho más alto que el resto de las almas no cristianas. Pero el cristianismo (con todo lo que lo conforma) es solo un medio para regenerar el alma, para llenarla de amor. No hay ninguna duda de que hay paganos mucho más buenos como personas que algunos cristianos que rezan y se arrepienten de forma regular. Pero, por mucho que recen y se arrepientan, la suma total de denarios en su haber sigue siendo mucho menor que la de algunos paganos. Permítase esta cuantificación, muy en la línea de la parábola de los talentos, de las minas, del pago a los viñadores contratados a distintas horas. Efectivamente, algunos viñadores, tras toda una vida creciendo en una viña cristiana, lograrán el mismo salario que otros que han llegado justo al final. Incluso algunos recibirán más, aunque esto no lo diga la parábola. No lo afirma expresamente la parábola, pero está plenamente contenido en el espíritu de esa enseñanza.

Esta convicción de que existe una última gracia salvadora (que se puede rechazar) no contradice la ley de la maduración humana (la que sucede hasta cierta edad), sino que ambos hechos se integran. Si alguien se pregunta cómo será el purgatorio para los paganos, la integración de esos dos hechos (la maduración esencial y la última gracia) nos ofrece una idea de cómo puede ser. El purgatorio de algunos paganos puede ser mucho más benigno que el de algunos cristianos. Cierto que el catolicismo con sus enseñanzas y sacramentos, con sus ritos, imágenes sagradas y catedrales, rosarios, procesiones, reliquias, es una ayuda para el alma; pero se trata de una ayuda que se puede aprovechar más o menos.

¿Cuánto se aprovechan todas esas ayudas? Basta ver la bondad, las virtudes de la población en países paganos y las virtudes de los bautizados en los países de mayoría cristiana para hacerse una idea general de la vida moral de ambas poblaciones. Desde luego que hay muchos paganos que sin la ayuda de los sacramentos ni de las enseñanzas de Jesús se observa que son más buenos que muchos bautizados. Aunque, globalmente considerado, el cristianismo cambió a mejor a los pueblos; y los cambió no de un modo ligero, sino muy profundo.

LA GRACIA Y LA NATURALEZA

Creyeras o no en Dios antes de recibir esa última gracia (esa iluminación salvífica), cada una de las virtudes que alcanzaste en la etapa de viador tendrá una repercusión eterna en el grado de gloria. En la vida sobre la tierra, cada individuo forjó su propia alma (con todas sus características personales) a través de decenas de millares de decisiones. Y esa alma (según es, tal como es) será la que gozará de Dios. La forma de ser configura la forma de gozar del Ser Infinito. Gozas del Ser Infinito tal como eres.

Aunque la gracia obra maravillas, aunque la gracia transforma, no actúa igual en un ateo que siempre ha estado ayudando al prójimo (trabajando en ONG, dando limosna, etc.) que en otra alma que es egoísta, agresiva y soberbia. Un ateo que fue una maravillosa persona, llena de bondad, cuando reciba la gracia del último momento de vida, podrá estar mucho más alto en el cielo que un católico que iba a misa, pero que era mala persona, que hizo sufrir a todos durante años. Incluso aunque ese católico también reciba una última gracia (por iluminación, por el sacramento de la unción de los enfermos, por su propia oración), esa gracia actuará según es él, actuará sí, pero en su naturaleza, en su psicología. Cierto que la gracia supone un «salto adelante», pero ese salto no será igual a partir de una forma de ser que a partir de otra forma de ser.

Para nada estoy minimizando la acción de la gracia, por supuesto que conozco cambios radicales. Ahora bien, incluso conociendo de primera mano esos cambios radicales, lo que afirmo es que la relación entre naturaleza y sobrenaturaleza se produce según unas leyes objetivas. Si no existiera esa dinámica armónica de crecimiento entre lo natural y lo sobrenatural, entre la voluntad de la criatura y la voluntad del Creador, el Espíritu Santo podría transformar a cualquier pecador en un segundo, en el último minuto de vida, elevándolo a la altura de un santo excelso, al nivel de santa Teresa de Jesús o san Juan de la Cruz.

Si eso pudiera ser así, ¿por qué no hacerlo con todos? Si eso fuera así, ¿por qué limitar el grado de felicidad de la mayoría, para siempre? Si a todos tus hijos les puedes dar un festín con los más exquisitos manjares, ¿para qué darles un trozo de pan con mantequilla? ¿Para qué esa diferencia si el precio de la factura del festín va a ser igual les des lo uno o lo otro? A Dios no le supone ningún esfuerzo dar a cada ser humano las gracias que otorgó a santa Teresa del Niño Jesús o a santa Catalina de Siena.

Las diferencias de felicidad en el cielo son el resultado inevitable de las leyes que rigen esa relación entre gracia y voluntad, entre naturaleza y sobrenaturaleza. Esas leyes son férreas, basadas en el ser de las cosas. Si esas leyes no fueran absolutas, nos encontraríamos con dos cuestiones:

Primero: ¿Por qué no salvar a todos a la fuerza, por un mero acto de la voluntad divina?

Segundo: ¿Por qué no elevar a todos a la misma felicidad celestial que los grandes místicos lograron con toda una vida de sacrificio y ascetismo?

No, la naturaleza impone unas leyes para la santificación; de lo contrario, nadie de nosotros escogería el camino de la

Cruz, pudiendo lograr lo mismo por un camino que no exige sacrificio. ¿Por qué escoger el camino arduo si se lograra lo mismo por el camino cómodo? Fácilmente se entiende que las leyes de la santificación gradual a través del esfuerzo que se requiere para cada virtud no son un capricho de Dios, no se basan en una decisión arbitraria del Creador. Dios no creó las matemáticas, estas son como son, se conocen, pero no se crean. Dios no creó las leyes que rigen la santificación de los espíritus. Creó los medios para esa santificación: los sacramentos, las escrituras, la Iglesia. Pero una cosa son los medios, y otra las leyes en las que se insertan esos medios. Por eso la etapa de viadores existe para todo espíritu, sean estos espíritus angélicos o humanos. Por eso existió un purgatorio para los espíritus angélicos y existe otro para los humanos. Consecuencia de la objetividad de esas leyes, lamentablemente, pero, de forma inevitable, la mente divina conocía desde siempre el infierno en el que iban a caer los espíritus que se cerraran de forma absoluta y perfecta al amor de Dios.

Desgraciadamente para los condenados, el camino hacia el infierno también sigue unas leyes igual de férreas. Las leyes de la corrupción del alma son inversas a las de la santificación, pero lamentablemente son igual de férreas. La conversión del inmenso pecador, de un monstruo moral, puede ocurrir en un solo momento, pero el enderezamiento de lo torcido dentro de ese espíritu conllevará un tiempo proporcional al daño que hay que reparar dentro de esas almas.

¿Hay que reparar también el daño hecho al prójimo? En la medida de lo posible sí: las almas del purgatorio pueden orar por los que todavía vivan en la tierra; también tendrán la posibilidad de pedir perdón, personalmente, a los que dañaron que estén en el purgatorio; y mientras están en el lugar de purificación podrán transmitir su petición de perdón a los que están en el cielo. Para alguien que está en el cielo será una inesperada noticia conocer el dolor del ofensor al recordar el mal que le hizo. Conocerá con toda exactitud lo mucho que ahora lamenta aquel hecho. Y ese arrepentimiento doliente tendrá la medida e intensidad exactas del mal producido por lejano que sea. No bastará recibir el perdón del ofendido, sino que de forma natural e inevitable el alma se afligirá en la misma medida del mal. Qué duda cabe de que el perdón del ofendido será un verdadero bálsamo para ese espíritu afligido. Todo será conocido en su exacto «peso», de manera que el que hizo sufrir deliberadamente al prójimo en la tierra sentirá, en el purgatorio, la exacta cantidad y detalles de ese dolor ajeno.

Como se ve, no se trata de una cuestión formal: pedir perdón y recibirlo; sino que se trata de que el pecado produce una deformación, y solo la voluntad a través del arrepentimiento puede enderezar (con la ayuda de la gracia) ese torcimiento del espíritu. Y el arrepentimiento puede llegar a ser un tormento, y un tormento muy largo. ¿Cuánto en intensidad y duración? Según la medida del mal cometido, pues esa es la medida de la deformación.

EL SUFRIMIENTO DEL PURGATORIO

¿Hay sufrimiento en el purgatorio? Sí, lo hay y mucho. Pero ese dolor no es buscado en sí mismo por Dios, sino que es una consecuencia inevitable de ese proceso de reconocimiento del propio mal. ¿Ese sufrimiento puede ser semejante en su ardor al fuego? Sin ninguna duda. En el purgatorio no hay dolor físico, pero ese penar se puede comparar al fuego, a la sed, al frío, a la oscuridad. Hay moradas en las que uno se sentirá solo, hay moradas en las que uno se sentirá prisionero. También es seguro que hay moradas en las que uno siente que el tiempo se ha detenido.

En unas zonas del purgatorio, las inferiores, el sufrimiento puede ser atroz como el fuego; en verdad que se puede hablar del fuego del purgatorio. El amor puede ser tan intenso que con toda razón se compara al fuego, también el odio puede ser abrasador como una hoguera. El sufrimiento espiritual del purgatorio, de semejante manera, puede ser tan intenso a veces que llegue a ser ardiente.

En el purgatorio común, el dolor es más santo. Para el común de los que se purifican, ese dolor es más sereno, mucho más aceptado; pues sí, hay grados en la aceptación. En lo que llamo *purgatorio común* el fruto del dolor es mayor que en las partes inferiores de esa región de purificación. El fruto es mayor porque se comprende más, porque hay un grado más perfecto de aceptación de ese sufrimiento. Cuanto más abajo descendemos en el purgatorio, son almas más ciegas, más rudas, más malas. En el purgatorio común, el dolor va acompañado de instrucción y de oración. Mientras que cuento más descendemos en el purgatorio, se comprende menos y se ora peor. *Quidquid recipitur ad modum recipientis recipitur.*

Mientras que en la zona que podríamos llamar el *atrio*, la zona inmediatamente anterior al cielo, el dolor es ya una ascua que se va apagando porque el alma está inundada de esperanza. El alma ya requiere de poca instrucción externa, y se dedica más a recogerse en la oración. Como se ve, el dolor es muy diverso según la zona del purgatorio. Esta visión del purgatorio es muy distinta de la idea simplificada que algunos tienen de que allí se sufre con la misma intensidad desde que uno entra al purgatorio hasta que sale. Como si la medida del dolor la dieran los pecados, y el nivel de dolor fuera constante todo el tiempo. Es cierto que la medida objetiva la dan los pecados, pero la medida subjetiva depende de la evolución de esa alma; alma en la que, lógicamente, se dan fases sucesivas. Es un proceso, hay etapas. Hay, además, días mejores y peores. Días en que uno siente más esperanza y otros en que uno se siente desesperanzado.

LA RELACIÓN ENTRE PURIFICACIÓN Y MERECIMIENTO

La explicación ofrecida entre gracia y naturaleza considero que nos ofrece algo de luz para tratar de entender por qué hay vidas extremadamente longevas sobre la tierra y otras extremadamente cortas; por qué hubo estancias muy prolongadas en el kolpos o por qué hay estancias brevísimas en el purgatorio actual; por qué un buen ateo se salva, y un mal cristiano, por el contrario, padecerá un penoso purgatorio; por qué muere alguien sin haber alcanzado el uso de la razón y otro muere cargado de la sabiduría proveniente de una larguísima vida. Lo explicado antes (acerca de la relación entre gracia y naturaleza) nos ofrece luz a la cuestión de la gracia fulminante y a la de la gracia que va cambiando a alguien a lo largo de toda una vida. Todos estos casos se deben entender desde esas leyes de la transformación de los espíritus a través de la relación entre la acción divina y la acción humana, que se basa en el ser de las cosas, no en una voluntad caprichosa de Dios, la lógica y no un voluntarismo arbitrario de Dios.

Bajo el imperio de esas leyes basadas en la lógica debemos revisar nuestra visión de la vida terrena, del kolpos y del purgatorio actual. Todas esas circunstancias tan variadas crean una gran multiplicidad de tipos de almas, como si se tratara de una exuberante selva amazónica en la que encontramos una gran pluralidad de plantas. En la selva, hallamos no solo árboles, también lianas, musgo, orquídeas y setas. Y lo mismo que en un bosque, en un prado o en una selva, observamos que se da una beneficiosa conjunción de tipos de plantas, también dentro de las moradas del purgatorio encontramos a las almas ayudándose entre sí. La Iglesia purgante es una verdadera sociedad.

No necesariamente los habitantes de cada morada del purgatorio conforman una masa uniforme, pues los pacientes de un tipo pueden ayudar a los de otro tipo. Por eso hay que pasar de una visión uniforme del purgatorio a un entendimiento de estas distintas regiones como una gran armonía global compuesta de armonías menores. Jesucristo enseñaba las realidades espirituales poniendo las distintas parábolas como ejemplos alegóricos. Siguiendo esa interpretación parabólica podemos entender las estepas, los desiertos, los prados, bosques y selvas como ejemplos alegóricos de estas realidades enteramente espirituales, siendo cada planta un tipo de alma.

Los seres humanos, a mi parecer, alcanzan su grado esencial de gloria en el tiempo como viadores. Pero las moradas kolposianas permitieron un perfeccionamiento accidental dentro de ese grado. Ciertamente ya no se encontraban en el estado de viadores, con toda razón se puede afirmar que alguien que moraba en el kolpos se hallaba en un **estado intermedio** entre el estado de viador y el de bienaventurado. Su tiempo para merecer había acabado, su tiempo para cambiar sustancialmente su suerte había finalizado, pero el alma podía aprovechar mejor o peor ese tiempo, porque seguía dotada de libre albedrío.

De manera que su proceso de perfeccionamiento continuaba, pero ya únicamente podía mejorar accidentalmente el «vaso» forjado en la tierra. Escribo la palabra «vaso» por usar una comparación ya clásica al hablar del recipiente (el alma) que se llena de felicidad en el cielo. Hay que evitar ver el purgatorio como una segunda vida. Solo existe una única vida que atraviesa tres fases: la militante, la purgante y la triunfante.

Si el grado de gloria pudiera cambiar esencialmente en el kolpos, entonces deberíamos hablar de un tiempo como viadores en la tierra y de un tiempo como viadores en el kolpos. Esa visión del purgatorio es completamente ajena a la tradición cristiana y la enseñanza bíblica. Pero también es cierto que un perfeccionamiento accidental es necesario que se produzca por la misma fuerza de la lógica. ¿Cómo puede actuar la gracia sin perfeccionar? ¿Cómo se pueden estar mil años en el kolpos sin que el alma realice actos que merezcan algo ante Dios? Todos entendemos que no es posible solo limpiar, purificar, y no mejorar; en ese proceso uno se santifica. El libre albedrío continúa con todas sus capacidades. Y esa santificación no es posible sin un incremento del mérito. De ahí que, aunque entendemos el purgatorio como purificación, también podemos hablar de él como etapa de perfeccionamiento. Salvo los santos, los demás vasos tienen defectos que deben ser perfeccionados antes de ser llenados. Es decir, no solo hay que limpiar el vaso, sino actuar en él con lija, con martillo y buril, hay que darle un último baño. El vaso ya está forjado, eso ya no puede cambiar, ya no puede cambiar de forma, ya nada se le puede añadir (ni asas ni base ni relieves), pero la dignidad de lo que va a contener, la inhabitación perfecta de la Santísima Trinidad, requiere que el vaso esté ya perfecto. ¿Acaso una novia no se engalana antes de encontrarse con su esposo? Ciertamente, el estado intermedio puede ser breve, pero no es una mera limpieza. Estoy convencido de que el sacramento de la extremaunción (me gusta llamarlo del modo tradicional: *extrema unctio*) ofrece gracias que están íntimamente emparentadas con las gracias que se suelen recibir en ese estado intermedio. Ese misterioso sacramento, en ese sentido, es totalmente sui géneris. La unción que se recibe justo antes de penetrar el umbral del templo de Dios.

Nota sobre el sacramento de la extremaunción:

Sobre todo, ese efecto grandioso se produce cuando se recibe en el extremo de la vida, con plena conciencia de ser santificado para entrar detrás del velo del sancta sanctorum. Si se recibe mucho antes de estar grave, con la disposición de estar recibiendo una mera ayuda para las enfermedades de la vejez, el sacramento únicamente produce el efecto de una ayuda corporal (ayuda divina) y un cierto aumento de la gracia santificante. Veo que es un sacramento que cambia mucho su efecto de recibirlo de un modo solemnísimo justo al final del camino, a recibirlo con la disposición de ser ayudado en la vejez. Creo que lo ideal es distinguir entre una mera oración por los enfermos (aunque se les unja) y un sacramento que siempre se ha dado justo al final para que Dios obre misteriosamente en un alma ya purificada por la confesión y santificada por el viático. La unción sacralizaba para penetrar en ese umbral. Pienso que la extremaunción es la primera acción misteriosa del Espíritu Santo para el ingreso en la etapa de la escatología intermedia, el primer paso del purgatorio. El primer paso en ese umbral justo en medio de los dos mundos

Obsérvese que este mismo razonamiento acerca del mérito en el kolpos vale para el purgatorio actual. En la situación purgativa (tanto en la actual como en la kolposiana) cabe un perfeccionamiento accidental de la persona que conlleva una mejora accidental del grado de gloria eterno. Es decir, la realidad purgativa no solo es purificadora, sino también santificadora; hay una *pars destruens* de todo lo malo que haya en el espíritu, y hay una pars construens que mejora las virtudes.

Si esto no fuera así, ¿cómo sería posible que la oración, la paciencia y el amor a Dios no mejoraran las virtudes? Ahora bien, esa mejora ya carece del mérito de la vida en la tierra donde todo debía hacerse por fe. Ahora la absoluta seguridad de la existencia de la otra vida, del cielo, del Dios que le espera a la persona hacen que el mérito se reduzca radicalmente. Y uso este término, *radicalmente*, por su etimología que proviene de *radix* (raíz); pues la raíz del mérito en la tierra es la fe, mientras que la raíz del mérito en el purgatorio es la esperanza.

Por supuesto que, tanto en la tierra como en el purgatorio, las tres virtudes teologales se relacionan armónicamente. A causa de la fe, la esperanza y la caridad se realizan las obras meritorias; y a través de esas tres virtudes se realizan esas obras. Pero en la tierra la base inicial del movimiento que conduce a los actos meritorios es la fe. Mientras que, en el purgatorio, ese dinamismo operativo se sustenta ante todo en la esperanza. En el purgatorio cabe poca fe. Todavía no se ve a Dios, pero la verdad de esa presencia divina, la verdad de lo que le espera al alma, resulta rotunda. Por eso, los purgantes no son viadores: ni los del purgatorio actual ni los del kolpos.

En el cielo, sin embargo, nuestras obras se harán por amor y en el amor. Estaremos llenos de caridad, pero serán imposibles la fe y la esperanza. Por eso, todas las buenas obras, todas las virtudes, carecen de mérito en el cielo. El grado sustancial de gloria habrá quedado fijado para siempre. Cabrán fluctuaciones accidentales de felicidad en los bienaventurados, pero será absolutamente imposible hacer obras meritorias. Hacer todo el bien del mundo, el que sea, una vez que se ve la belleza de Dios, su bondad, ya no tiene mérito alguno.

¿SE PUEDE PECAR EN EL PURGATORIO?

En el cielo se mantiene el libre albedrío, ¿sería posible que los bienaventurados pudieran pecar venialmente? La realidad es que no se peca ni siquiera en materia leve porque la visión beatífica es transformadora. Pero, precisamente, esa visión impide adquirir mérito. En las moradas kolposianas no se veía a Dios, pero ya no cabía la fe meritoria del estado de viador. Y es que, en ese atrio que es el kolpos, resulta tan clara, tan evidente, tan incontestable, la presencia del Creador, aunque no se lo vea, que las buenas acciones pierden buena parte de su mérito, solo queda la posibilidad de un aumento accidental del mérito. Por eso siempre se ha dicho que nadie que esté en el purgatorio puede condenarse. Resulta tan evidente que están en el atrio del Ser que es felicidad infinita que solo un loco podría renunciar a eso a través del pecado.

En un purgante todavía hay dos elementos: libre albedrío y no ha visto a Dios. Luego sí que puede pecar. Ahora bien, las almas que están en el purgatorio común inusualmente lo harán: la rotundidad de la existencia de Dios es muy poderosa. Pero sí que se pueden dar pecados veniales: faltas de paciencia, enfados, juicios contra la caridad respecto a otro purgante, etc. Ahora bien, en la parte superior del purgatorio, en el atrio, allí sus moradores son santos. Son tan santos como una carmelita que hubiera purificado su alma durante veinte años, esforzándose para evitar hasta el más mínimo pecado venial. Son almas en las que existe de modo perfecto la intención de «antes morir que pecar» (aunque ellas no puedan morir); y no solo existe esa perfecta determinación, sino también la transformación positiva de la gracia. Ni el más pequeño pecado venial mancilla la inmaculada pureza del atrio.

Ahora bien, recordando la división tripartita del purgatorio, resulta claro que en la parte inferior, donde vagan las almas perdidas, allí sí que se dan muchos pecados. La simetría antagónica de esa división tripartita del purgatorio resulta notable. ¿Allí podrían darse pecados graves tales como el odio a una persona, desear vengarse de alguien, echarle en cara al Creador los sufrimientos de ese estado? No tengo la menor duda de que así es. Recordemos la visión de sor Faustina Kowalskya de la religiosa del purgatorio que se le apareció; visión citada en la parte dedicada a las almas perdidas.

¿Cabe algún pecado grave en el purgatorio común? Sí, sin ninguna duda. Un alma que llegue a esa parte intermedia entre el atrio y las moradas inferiores sí que puede albergar y consentir en deseos de venganza, de no perdonar y de muchos otros tipos. Sé que esto rompe los esquemas que muchos tienen del purgatorio. Esquemas que son ciertos, pero que son una simplificación, un resumen, una síntesis general de la variedad de esas moradas.

Si en las catequesis se hubiese enseñado que en el purgatorio se puede pecar, la consecuencia que la mayoría habría extraído no habría sido otra más que el purgatorio es como una segunda vida, como una nueva etapa en la que tornamos a ser viadores. Pero lo cierto es que un alma al llegar al purgatorio arriba con todo su bagaje moral, con todas sus inclinaciones, con todo su egoísmo y su soberbia. Si no pecaran desde el primer día del purgatorio, ya serían santos. Si no pudieran pecar (sin ver a Dios), habría que apelar a alguna transformación que no veo que esté en el ser de las cosas. Las características del purgatorio y de las transformaciones que se dan en él las baso en el ser de las cosas, en la lógica.

De manera que sí, se puede pecar. ¿Y qué sucede con los pecados graves cometidos en ese estado intermedio? Indudablemente, la gracia se les aplica (sin sacramento) al igual que se les perdonó a los habitantes del kolpos. En el Antiguo Testamento Dios podía perdonar los pecados graves, no solo al final de la vida, sino en muchos momentos de la vida. Eso es aplicable para las almas del estado intermedio. Esto abre una interesante forma de ver el purgatorio: el proceso avanza más lento o más rápido según el esfuerzo de los purgantes. El purgante no es un sujeto pasivo en ese proceso de transformación.

¿Un alma del purgatorio común podría pecar mortalmente e ir al infierno? ¿Un alma del purgatorio podría rendirse en ese proceso de dolor, de humildad, de asentimiento, y avanzar en un proceso de retroceso que le condujese al rechazo a Dios y, por tanto, a la condenación eterna? Sin duda, no. En esas moradas de la esperanza, en ese lugar donde los ángeles vienen, donde los santos instruyen, el alma no podrá caer al abismo. Es como el herido de la parábola del buen samaritano, el momento peligroso fue en el camino (viador), pero ahora ya está en la posada, ya está en el hospital. Nadie cae del purgatorio al infierno, si bien las almas perdidas son un caso especial.

Las almas perdidas sí que están en una situación en la que el juicio final será verdadero juicio. No han rechazado a Dios, pero sí que se hayan en un estado de indeterminación. Pienso que la mayoría de las almas perdidas se rendirán a Dios antes del juicio final. Y no pocas se rendirán al comparecer ante Jesucristo, justo antes de comenzar ese juicio. La convocatoria de ese juicio marcará un antes y un después, así como para el resto de las almas la muerte marcha ese antes y ese después radical. Así como un alma normal al morir queda impactada por el mundo del más allá, y en ese momento se rinde a Dios; así las almas perdidas quedarán impactadas ante el esplendor de ese juicio final que va a comenzar, y la mayoría se someterá de todo corazón. Es en este sentido en el que hay que entender el versículo que habla de la segunda muerte. *Su lugar será en el lago que arde con fuego y azufre. Esta es la segunda muerte* (Apocalipsis 21, 8b). Encontramos una mención a esta segunda muerte en Apocalipsis 2, 11b: *El que conquista no será dañado por la segunda muerte.* De nuevo Apocalipsis 20:6a habla de la muerte segunda en este versículo: *Bienaventurado y santo el que tiene parte en la primera resurrección; la segunda muerte no tiene potestad sobre estos.* La primera resurrección es entrar en la vida eterna del cielo; la segunda resurrección será la del cuerpo. Aquí se entiende resurrección como entrar a la vida después de la muerte. El sentido natural de la palabra «resurrección» no sufre ninguna violencia al usarla de esta manera. Tampoco se hace un mal uso de la palabra «muerte» al entender que la caída en el infierno tras la resurrección de los cuerpos será como una segunda muerte.

¿Por qué pienso que la gran mayoría de las almas perdidas se salvan? He buscado largamente el texto que citó un profesor en clase (cuando yo estudiaba en el seminario) y que venía a decir que santo Tomás de Aquino consideraba que la mayoría de los hombres se salvaban porque la naturaleza suele lograr su fin; y el fin de los hombres es la visión beatífica. No he logrado hallar la cita, por más que la he buscado. Pero el argumento se sustenta: la naturaleza suele alcanzar su fin.

Si eso es válido para el estado de viador (la mayoría de los hombres van al purgatorio común), también lo es para la escatología intermedia (la mayoría de las almas perdidas se arrepienten). No solo eso, considero que lo lógico es pensar que la misma proporción de consecución del fin último que se da en la fase de viador se da en esta segunda etapa. También pienso que la mayoría de las almas perdidas encuentran a Dios y lo aman antes del juicio final. Lo mismo sucede en la etapa de viadores: considero que la mayor parte de las almas encuentran y aman a ese Creador Bueno, por más que hayan nacido fuera del cristianismo. No quiero parecer reiterativo, pero, de nuevo, las simetrías resultan patentes en toda esta arquitectura escatológica.

«Pienso», «considero», «me parece»... Muchos me acusarán de un excesivo subjetivismo. Sí, no puedo fundamentar todo este desarrollo teológico en citas y versículos, ¿pero es que la razón no tiene nada que decir? El ser de las cosas, la lógica, ¿no puede iluminar un poco el más allá? ¿Por qué la construcción teológica sobre la escatología no va a basarse en la armonía, en la belleza? ¿Por qué no va a basarse, ante todo, en la infinita bondad del amor incondicional de la Santísima Trinidad que es amor?

ENFERMEDAD MENTAL Y ESTADO INTERMEDIO

Antes he escrito que, en el cielo, «solo un loco podría renunciar» a Dios a través del pecado. Y he escrito la palabra «loco» usándola de un modo no estricto, pues, al separarse el alma del cuerpo, los dementes es como si despertaran. No importa cuál sea la enfermedad mental que alguien padeció en la tierra, la sensación que tendrán será la de despertar; recuperarán la claridad de pensamiento nada más despegarse del cuerpo.

Y es que las deficiencias orgánicas del cerebro enfermo imponen lastres, cadenas, arenas movedizas en las que resbala el pensamiento del alma. Mientras alma y cerebro están unidos, si ese órgano está enfermo, el pensamiento tiene que deambular por esos caminos llenos de fango, de socavones, de obstáculos. Los pies del pensamiento se hunden en ese camino material: esos pies caminan con creciente lentitud por la vejez, tropiezan por la patología. El pensamiento es algo espiritual, pero si uno tiene sueño, el pensamiento se entorpece. Por muy espiritual que sea el acto de pensar, si uno toma una sustancia alucinógena, el pensamiento deambulará por un órgano cuya biología impondrá un «sendero» a ese acto del espíritu. El ejemplo es muy simplista, pero valga la comparación siguiente: el pensamiento es agua, el cerebro impone unos canales por los que discurre esa agua.

Sin embargo, todas las deformaciones practicadas en el interior del alma esas sí que continúan al perder el cuerpo. Por eso los daños causados a la psicología (traumas, resentimientos, depresión, odios, etc.) sí que permanecen tras la muerte. Todos los obstáculos al pensamiento causados por lo orgánico desaparecen (por ejemplo, la senilidad, la esquizofrenia), mientras que las deformidades de la psicología permanecen.

SEMEJANZAS ENTRE EL KOLPOS Y EL PURGATORIO ACTUAL

Todo lo dicho del kolpos purgativo, *mutatis mutandis*, es válido para el purgatorio actual. Incluso para alguien como yo, siempre reflexionando sobre la escatología intermedia, fue necesario pensar sobre el kolpos y su duración tan extremadamente larga para plantearme cuestiones que me llevaron a concluir en respuestas que tenían su repercusión en el purgatorio actual. Hay veces en que, llevando las cosas al extremo, llegas a respuestas que se pueden aplicar a situaciones más ordinarias.

Cierto que una cosa es el kolpos; y otra, el purgatorio actual; pero hay almas que, aun naciendo después de Cristo, sus vidas en nada han diferido de las que hubieran llevado viviendo antes de la era cristiana. No hay que olvidar que hoy día —escribo esto en el año 2024— de los 8000 millones de seres humanos que hay sobre la tierra solo el 31 % son cristianos. De manera que, para millones de seres humanos, muchos millones, el purgatorio tiene, hoy día, unas características en nada diversas de las del kolpos purgativo.

Aunque no todo es igual, pues ahora se benefician del conocimiento de la revelación y de las gracias que provienen de las oraciones de la Iglesia. La vida de Cristo y la de sus santos aparece ante sus ojos en todo su esplendor salvífico. Sí, a nivel del conocimiento, no es igual el kolpos que el purgatorio después de Cristo. Ahora los velos se han corrido y en Cristo vemos el extremo al que ha llegado el amor de Dios: no solo su muerte, sino también toda su vida, todas sus predicaciones, los milagros que Él realizó.

Y contemplar la historia de la Iglesia —con todos sus mártires, santos, misioneros, místicos— resulta impresionante para las almas del purgatorio. Hablando de cómo la historia personal (y no solo colectiva) de los renacidos del agua y el Espíritu es contemplada por los habitantes del cielo (para dar gloria), del purgatorio (para purificarse) y del infierno (para aprender y corregirse un poco), podemos recordar las palabras de san Pablo: [...] *Dios nos ha exhibido a los apóstoles* [...] *porque hemos llegado a ser espectáculo* (*theatron*) *para el mundo, para los ángeles y para los humanos* (1 Cor 4, 9).

No digo que únicamente les cuenten, que les narren, la historia de la Iglesia, ¡ellos pueden verla!: la presente y la pasada. Los espíritus angélicos pueden mostrársela con una visión intelectual. Los moradores del purgatorio son testigos del camino de ascetismo de una clarisa en la soledad de su celda, el amor a Cristo de una esposa que ora y trabaja por sacar adelante a su familia. Y, además, está la catarata de gracias que se desborda desde la Iglesia hacia las almas. Ciertamente, lo mismo que la historia humana en la tierra queda dividida radicalmente en un antes y un después si consideramos el nacimiento de Cristo, lo mismo sucede con las moradas purgativas: la redención marca un antes y un después de tal magnitud que con toda razón podemos hablar de dos eras.

LOS NIÑOS SIN USO DE RAZÓN

Al darle vueltas al tema del que versa esta parte del presente libro, he llegado a vislumbrar que el periodo de tiempo entre la muerte y la visión beatífica posee contenido, goza de peso propio; no se trata de una mera sala de espera, no hemos de ver ese tiempo solo como un lavado exterior, sino que el periodo de tiempo évico previo al cielo es algo muy grande. Y, desde luego, eso está muy claro en el caso de un niño sin uso de razón que muere.

NOTA:

> Cuando tenga que hablar de los niños sin uso de razón, en esta obra, me referiré a ellos con el término técnico de *parvuli* (pequeños) en latín. Así evitaré ambi güedades, pues el término niño incluye a unos sin uso de razón y a otros con uso de razón. Con esa denominación latina me referiré no solo a los niños sin uso de razón, sino también a los niños que, por encima de los siete años, para nada estaban maduros en cuanto a la vida espiritual. En ese término latino también incluyo a los niños no nacidos, así como a los que con alguna deficiencia mental (tengan la edad que tengan) han muerto antes de gozar de una vida espiritual madura. En este escrito los *parvuli* son los infantes sin uso de razón, los no nacidos, los niños sin madurez espiritual y aquellos individuos con deficiencias mentales que no han

podido desarrollar adecuadamente su vida espiritual. Si me quiero referir solo a los niños sin uso de razón, usaré la palabra «infantes». Así evitaré tener que estar repitiendo siempre y en todo momento el término latino, que tendrá un significado más amplio, según he explicado.

En el caso de los niños que no han llegado a nacer, se ve claro que la etapa tras la muerte es un tiempo que debe cumplir la función de lo que, según la ley ordinaria, debería haber sido la etapa en la tierra. En esta obra, ya expliqué las características de esa morada a la que llamé *limbo*. Para ellos, el tiempo como viadores es el evo en el limbo; lo mismo que para los espíritus angélicos: también su etapa como viadores es un periodo del limbo. Al fin y al cabo, no olvidemos que las almas de esos niños no nacidos son espíritus sin cuerpo, por más que esos espíritus sean almas y no sustancias angélicas.

Como ya escribí en su momento, en este libro, una vez que el Creador ha hecho aparecer un alma de la nada ¿va a dejarla inmadura para siempre por no darle tiempo? Una vez que ha hecho lo más (darle el ser), ¿va a dejar de hacer lo menos (darle tiempo)? Parece razonable concluir que Dios les otorga un periodo como viadores, que únicamente puede darse en esa escatología intermedia. Todos los teólogos admiten, hoy día, que no se les niega la gracia de la salvación. ¿Por qué no otorgarles también un tiempo para la santificación? Démonos cuenta de que la inmensa mayoría de los abortos son por causas naturales, no provocados. No se puede apelar a un pecado de los padres para justificar esa privación de un tiempo no solo para salvarse, sino también para perfeccionar sus almas. Y ni siquiera un pecado de los progenitores justificaría un daño en su eternidad.

Incluso en épocas tan tardías como el siglo XVIII este tema era considerado por la teología desde la perspectiva de un cierto legalismo.Los primeros cristianos enfocaban esta problemática desde la perspectiva del misterio. Estamos seguros de que se nos ha dado la salvación, pero esas regiones inferiores son un misterio para los no renacidos del agua y del espíritu. Ese enfoque es el que se mantuvo en la primera patrística. Pero ya en san Agustín observamos la aparición de una aproximación más legalista, más cruel. No es que el santo obispo de Hipona y otros autores cristianos fueran malas personas, pero no entendían cómo podían desligarse de ciertas afirmaciones de la palabra de Dios. Por poner solo un ejemplo de esas afirmaciones: *El que crea y se bautice se salvará, pero el que no crea no se salvará* (Marcos 16, 16). Pensaban que tenían que someterse, sin entender que lo que dicen las escrituras es verdad, pero eso no significa que sea toda la verdad, puede haber más cosas que tener en cuenta alrededor de esa afirmación.

Hoy día está claro que todas estas cuestiones hay que enfocarlas desde la perspectiva de lo razonable. Y en esta obra trato de mostrar que lo razonable nos lleva no solo a enfocarlo todo no solo respondiendo a la pregunta acerca de la salvación, sino también acerca de la santificación; no solo acerca del acto de fe (que salva), sino también acerca de la maduración de las virtudes.

Para un alma adulta que entra en el purgatorio, su estado de viador se ve anulado por los resplandores de la Divinidad. Pero, para un párvulo, resulta preferible que esos resplandores queden velados para que así pueda desarrollar una vida de fe. Para un adulto, la vida en la tierra también se desarrolla con la presencia de la Divinidad velada. Sin ese velo, los resplandores de la Santísima Trinidad serían tan visibles en la tierra como en el purgatorio. Esa velación ocurre solo por voluntad de Dios. Y pienso que Dios está velado en el limbo para permitir un tiempo como viadores. También en el infierno los resplandores de la Divinidad han de ser velados para no herir la vista (esto es, el conocimiento) de los réprobos. Esos resplandores, esa luz de gloria que parte de su esencia infinita, de no estar velada, atravesaría todo el ser del universo material y espiritual. De manera que velar los ojos (el conocimiento) de las almas de los no nacidos para que no perciban ya no la esencia de la Divinidad, sino ni siquiera sus resplandores de gloria, no es un acto extraño, no es una excepción en el más allá, sino algo completamente ordinario. Lo mismo vale para todos los *parvuli* a los que se les conceda un trecho del evo para que desarrollen sus virtudes espirituales.

Los infantes no son salvados de un modo enteramente pasivo, como si pasaran del vientre materno a despertar en el reino de los cielos; sino que, desde esta perspectiva, pueden realizar un acto de fe salvífico con la gracia, en ese estado intermedio. Pienso que lo mismo ocurrió con muchas de las almas del kolpos. En lo relativo a la vida espiritual, muchos de los humanos que vivieron antes de Cristo, en lo más profundo del paganismo, murieron en una situación muy parecida a la de los niños con uso de razón, pero muy inmaduros. Para ese tipo de almas —muchos millones de almas—, la venida de Cristo a las moradas kolposianas fue la ocasión para realizar un acto de fe salvífico. Todos sabemos lo que fue para la historia del mundo la venida de Cristo, pues lo mismo es aplicable para la venida de Cristo a esa «humanidad dormida»: dormida en cuanto al cuerpo (al morir parece que están durmiendo), pero no dormida en sus almas.

Sea dicho de paso, ¿es adecuado hablar del *sueño de los justos*? ¿Es adecuada la expresión: *ya duerme en el Señor*? Sí, sí que lo es en cuanto al cuerpo. Parece que los cuerpos difuntos duermen en sus sepulcros hasta la resurrección universal. Pero sus almas están plenamente vivas, plenamente conscientes.

Una cuestión que no mencioné, pero que no se me pasó por alto hace ya más de diez años, al escribir mi *Tratado sobre las almas errantes*, es si las almas de los *parvuli* podían condenarse. Decidí que ese tema convenía sopesarlo más y me parece que un decenio de reflexión ha sido suficiente. La respuesta es que sí: pueden condenarse. La prueba es, sustancialmente, igual a la de los ángeles: ¡por eso tiene mérito! No es igual a la de los espíritus angélicos, pues cada tipo de espíritu tiene sus particularidades, pero en su esencia sí que es igual. Si Dios hubiera creado más tipos de entes inteligentes, la prueba en esencia sería la misma: instrucción inicial, tentación, esfuerzo, mérito, desarrollo de las virtudes. Cuando hablo de entes inteligentes creados solo caben más tipos de ángeles o de seres con cuerpo y espíritu, no hay más posibilidades.

La prueba de los *parvuli* es una verdadera prueba. Incluso en esa región del limbo Dios ha tenido que plantar un árbol de la ciencia del bien y del mal. Aunque, en este caso, el árbol no sería material, sino símbolo de esa misma realidad. Como es lógico, resulta sumamente conveniente que también haya un árbol de las vidas (en el texto hebreo, «vidas» aparece en plural). ¿Cómo serán esos dos árboles? (Suspiro). ¿Quién puede conocer esos «prados» espirituales, esa región inmaterial? Inmaterial, pero no pequeña, hablamos de millones de esta categoría de almas. Cada año, actualmente, fallecen millones de seres humanos que podemos calificar bajo esa denominación de parvuli.

Quizá, tras la redención, el árbol de la vida es el mismo Jesucristo, que les habla, que está en esa región para enseñarles. Quizá el árbol del mal sea el mismo Lucifer, que se les presenta con una apariencia tan agradable como la que podía tener el árbol del mal en el Edén.

Mi opinión es que estas almitas humanas (y los inmaduros) son colocados en un entorno físico, como las almas del purgatorio. Pienso que en el mismo planeta Lavacria. Y que allí sí que pueden existir estos dos árboles de manera material, pues pienso que estos dos árboles del primitivo Edén fueron materiales. Tal vez incluso, ¿por qué no?, los dos árboles originales fueron trasladados a Lavacria. La otra posibilidad es que se destruyeran conforme se fue destruyendo el Edén originario.

Si en Lavacria existen estos dos árboles, las almas no pueden comer de sus frutos. Pero sí que pueden acercarse al árbol de la vida, a cuyo alrededor pueden «aletear» ángeles y santos, y allí estas almas pueden hacer «sentarse» y hacer oración. Es decir, si existe el árbol de la vida en Lavacria, ejercería la misma función que la zarza ardiente; o, al menos, la función de la tienda de la reunión.

La misma función, pero a la inversa, ejercería el árbol del mal. Aunque me lo imagino solitario. Situado en un lugar donde solo furtivamente alguna alma se aproxima, tentada a probar el fruto prohibido del conocimiento de lo que es la transgresión.

¿He echado a volar indebidamente la imaginación? De ningún modo he visto cómo es el más allá, carezco de revelación particular alguna propia y no me baso en ninguna revelación ajena para afirmar lo que he escrito; ni me baso en revelación ajena ni conozco ninguna que hable de estas cosas. Las supuestas revelaciones que he leído carecen de contenido teológico. Las videntes (casi siempre son mujeres) se limitan a repetir, una y otra vez, que las almas les comunican que sufren mucho y que les ayuden con la oración. Ese mismo mensaje es repetido hasta la saciedad, sin ir más allá, sin ofrecer alguna perspectiva teológica de utilidad.

Las elucubraciones de mi cosecha que he expuesto con confianza aquí, aunque fueran completamente erróneas, cumplen la función de tratar de explicar cómo pueden ser las cosas. ¡Cierto!, las realidades de ese mundo ultratumba de los niños pueden concretarse de maneras y modos muy distintos a los que he expuesto; pero mi esfuerzo no es en vano; pues, al menos, ofrezco perspectivas acerca de cómo pueden ser las cosas.

Otra perspectiva interesante, que es la que sostengo, es que el limbo de los *parvuli* entra en relación con los distintos moradores del purgatorio. De manera que los niños pueden tener buenas y malas influencias, constituyendo un tiempo de verdadera prueba, como si hubieran estado viviendo en la tierra un tiempo razonable (si los infantes murieron pronto) o con madurez razonable (si como adultos vivieron mucho).

Lo mismo que en el tiempo como viadores un alma recibe influencias positivas y negativas, pienso que las circunstancias, tiempos y contactos se articulan en ese más allá para que esos infantes posean un verdadero tiempo de tentación y de ayuda, un tiempo para desarrollar virtudes. Eso sí, todo bajo la mirada de un Padre Celestial vigilante que no permite que la tentación sea más allá de lo conveniente para que su «huerto» de almas no se estropee. Pero eso significa que esos infantes, lo mismo que los ángeles, pueden echarse a perder si su libre albedrío así lo decide libremente.

Observemos que el limbo de los *parvuli* es de naturaleza muy distinta a las moradas donde lo único que se busca es la purificación. A unos se les otorga un tiempo de prueba y a los otros un tiempo de perdón. No puedo desechar la posibilidad de que quizá las cosas no sean como he expuesto para los infantes, y su tiempo en ese limbo sea muy breve y su prueba reducida a lo esencial. Ahora bien, parece más acorde a la razón que, una vez que se crea un alma, se le otorgue tiempo para que madure. Una vez que se le concede el ser, parece razonable otorgar ontológicamente algo menos importante como es el tiempo. No parecería sensato hacer lo más y dejar de hacer lo menos.

Otra posibilidad (y esta refleja mejor mi pensamiento) es que el limbo de los *parvuli* es multiforme. A unos se les concede un tiempo de prueba breve y reducido a lo esencial, otros gozan de un tiempo más largo para desarrollar las virtudes. ¿Por qué pienso que es multiforme? Porque así obra Dios en la tierra con el tiempo de viadores. El Omnisciente sabe cuándo dar más tiempo y más tentaciones a un alma en la tierra, y cuándo «cosechar» ese espíritu. Lo mismo pienso que sucede en este limbo.

Y por esa razón me parece que hay almitas más protegidas, más custodiadas de toda mala influencia; y otras en las que Dios ve *madera de santo* (si se me permite la expresión) y las prueba más. Pero ¿por qué ser probadas con la influencia de pecadores no purificados? Pues porque Dios no tienta a nadie. El Bien Infinito no tienta al mal nunca. Otra cosa es que permita el mal por lograr vienes superiores. A algunas de estas almas pienso que hasta permite que sean tentadas directamente por el demonio.

LAS EXPRESIONES RADICALES DE LAS ESCRITURAS

De acuerdo a la tesis de la iluminación final (la cual incluye la intervención de la gracia), pienso que se puede dar una nueva lectura a las palabras tajantes de Cristo del final del Evangelio de Marcos, acerca de la impresión que ofrece de que el bautismo es necesario para la salvación. *El que crea y se bautice se salvará, pero el que no crea no se salvará* (Marcos 16, 16). Y digo «impresión que ofrece» porque se trata de una frase magistralmente construida. En la primera parte de la oración, se afirma que para la salvación es necesaria la fe y el bautismo. Mientras que, en la segunda parte, solo se afirma la condenación para los que no tengan fe. En este versículo Dios afirma una cosa en la primera parte, pero no se afirma lo mismo en la segunda parte para que los cristianos no sacaran la conclusión de que solo los que recibieran el sacramento serían salvos. Los que se salven lo harán después de tener la inmersión purificadora que produce la gracia salvífica. Pero los que se condenen serán los que, después de la iluminación que viene solo de Dios, persistan en cerrarse de forma perfecta e irreversible a esa llamada del Padre que quiere salvar a todos.

Como se ve, este versículo resulta magnífico en la enseñanza que nos transmite: nos afirma qué es necesario para la salvación, y al mismo tiempo ofrece una impresión más restringida de quiénes no se salvarán. Y, sin hacer ninguna violencia al texto sagrado, el versículo ofrece una segunda lectura. Y es que puede entenderse que se refiere a los que se salvarán en un primer momento, nada más morir; pero que no está hablando de la condenación eterna. Recordemos que Jesucristo al tratar el tema de la blasfemia contra el Espíritu Santo (Mateo12, 32) habla de los pecados que serán perdonados en esta era (*aion*) y de los que serán perdonados en la era venidera. Esta visión más benigna, que considero que es la verdadera, nos permite interpretar de un modo menos terrible expresiones del Nuevo Testamento tales como cuando san Pablo afirma que *ni los ladrones ni los codiciosos ni los borrachos ni los calumniadores ni los estafadores heredarán el reino de Dios* (I Cor 6, 10). Desde la perspectiva que propongo es cierto que no entrarán en un primer momento, pero sí tras su purificación en el purgatorio. Pero también debemos evitar el ser tan benignos que vaciemos de contenido las palabras de nuestro Maestro cuando nos avisa de la sentencia definitiva que no admite perdón.

Aunque todos pasemos por el purgatorio, la estancia de algunos será tan breve que podemos hablar de que heredarán el reino de Dios muy poco después de la muerte. Mientras que otros tendrán que vivir una etapa intermedia de un carácter radicalmente diverso: mucho más largo y penoso. Unos morirán casi en el atrio de la Jerusalén Celeste, otros deberán recorrer todo un camino de purificación antes de llegar a ese reino. Sin duda, habrá monjas, religiosas, almas consagradas, laicos de gran santidad que entrarán directamente a las moradas celestiales. Otros, aun habiendo vivido con numerosos defectos, quedarán muy limpios en sus almas por los sufrimientos de las enfermedades finales de sus vidas. Las cuales los harán humildes, los harán desear a Dios, los harán ejercitar la paciencia. La etapa final de la vejez, para muchos, es un purgatorio en vida.

Capítulo III.
Geografía del purgatorio

EL PURGATORIO COMO LUGAR FÍSICO

Aquí viene el capítulo del libro que muchos van a considerar entretenidísimo. Mis razonamientos, poco a poco, van a ir desembocando en unas conclusiones que cualquier colega sensato me hubiera aconsejado omitir. Pero debo ser honesto y compartir las conclusiones a las que he llegado.

LAS SENSACIONES CORPORALES EN EL PURGATORIO

La felicidad es algo propio del espíritu; pero, mientras el alma se halle unida al cuerpo, si el cuerpo sufre dolor, ese dolor se transmite al espíritu. Si el cuerpo siente placer al paladear una buena comida, el cuerpo transmite ese deleite al espíritu, y el espíritu goza con ese acto de saborear. Esta inmersión en el mundo a través del cuerpo, esta posibilidad de sentir un cuerpo con nuestro espíritu, tiene la necesidad de que la sede del pensamiento está en el órgano del cerebro. El alma siente el cuerpo, y con el cuerpo sentimos el mundo.

Por eso, al morir, si la persona ha estado sumida en dolores, si ha vivido en el aletargamiento de la medicación, el pensamiento se torna claro. No es que el espíritu piense mejor sin el cuerpo. No, el cuerpo le ofrece más posibilidades al espíritu: le ofrece sentir. Pero a causa de la vejez o de la enfermedad o de la medicación, las almas que salen del cuerpo nos refieren que sienten que, de pronto, piensan con claridad.

Para muchos, existe una impresión general de que el espíritu pensaría mejor sin el cuerpo. Esa impresión se debe a que se ve al cuerpo como un obstáculo para el alma. Sin embargo, no tendría sentido que Dios nos uniera toda la eternidad a un cuerpo si esa unión solo supusiera un entorpecimiento de la mente. Esa unión no solo no es negativa, sino que, al despegarnos del cuerpo, ya no sentimos la humedad del aire ni el viento en nuestra cara ni la caricia en la mano de alguien que nos quiere. Dejamos de sentir el aroma a resina de un bosque, la calidez de un edredón en el que nos cobijamos en una noche de invierno. Un ángel no puede sentir el sabor del chocolate o pasar su dedo por la superficie pulida, fría, de una estatua de mármol. Un ángel solo tiene ideas vagas acerca del diferente aroma de una rosa frente al perfume del romero.

Mientras el espíritu reside en el cuerpo, estamos inmersos en este mundo material. El punto de unión entre nuestro cuerpo y el alma es el órgano del cerebro. Con el cuerpo estamos inmersos en este mundo, sentimos la creación material. Nuestros cinco sentidos y otras sensaciones del cuerpo llegan a nuestro espíritu a través del órgano del cerebro. No diré que es el *punto* de intersección, sino el *área* de intersección. Sí, es toda un área porque los cinco sentidos (y otras sensaciones corporales) forman como un quinteto armónico, continuo, aunque muchas veces nos acostumbremos, nos despistemos y no captemos la belleza, el placer, la riqueza de esa música de fondo que nos acompaña.

Una vez que nos separemos de nuestro cuerpo, cierto que ya no sentimos ninguna sensación corporal negativa, pero nos sentimos despegados del mundo material. Nos convertimos en un fantasma que no puede sentir ni un abrazo ni un beso. Si deambulamos, como espíritus, por un prado, nos haremos una buena idea de las sensaciones porque recordaremos el olor a hierba que debe tener esa pradera tras la lluvia, rememoraremos la sensación de rugosidad de la corteza de un árbol, el sabor de unas moras maduras. Conoceremos todo lo que acompaña a esa pradera, conocimiento intelectual, pero ya no lo sentiremos. El mundo material lo recorreremos como el que transita con la mente por los paisajes de una película.

¿Qué apariencia tienen las almas? Un espíritu no tiene ninguna forma visual. Ahora bien, infinidad de individuos que han pasado por la experiencia de un paro cardiorrespiratorio y han experimentado la salida del cuerpo nos refieren que ven a las personas con aspecto humano. Los ven no como algo vaporoso, sino con los colores y el aspecto que tenían en vida. Con la misma edad que tenían al morir, vestidos como usualmente lo hacían.

Pienso que Dios otorga a las almas el verse unas a otras de esa manera para mitigar lo que significaría vivir en un mundo habitado solo por presencias sin rostro. De esta manera, las almas pueden sonreírse, abrazarse, pasear, darse un beso, verse unas a otras cuando se congregan. Pero todas estas sensaciones, realmente, son intelectuales. Las ven no con los ojos, sino con sus espíritus. Las «sienten» como yo siento la calidez de un abrazo al ver esa escena en una película. Cuando lo veo en el cine, siento lo gustoso que es un pan recién salido del horno, humeante, crujiente; la impresión es muy real, pero se trata de un producto de mi pensamiento. En una sala de cine, únicamente puedo ver y escuchar esa corteza dorada de pan siendo partida en una cena, pero en el más allá podremos percibir las sensaciones de los cinco sentidos solo como algo que entenderemos con nuestro espíritu. Al ver el cuerpo de una muje bella, al ver un banquete dispuesto, a ver la suavidad de los pétalos de una flor, entenderemos las percepciones de los cinco sentidos —y lo haremos mejor que un ángel, pues recordaremos esas sensaciones—, pero todo será fruto del entendimiento. Un entendimiento ayudado por nuestros recuerdos, pero siempre será algo desencarnado.

TEOLOGÍA DE LA RESURRECCIÓN

Por todo lo dicho, la resurrección será algo comparable a cuando los habitantes del kolpos entraron en el reino de los cielos. Digo que será algo *comparable* (y no algo *igual*) porque este desencarnamiento no nos impedirá ser felices en el cielo. En el cielo seremos plenamente felices con el alma, nuestro vaso de felicidad estará lleno. Pero, en la resurrección final, al regresar a nuestro cuerpo tendremos la sensación de sumergirnos en una piscina de sensaciones, en una sinfonía de los sentidos. Nos sentiremos como un ciervo que trota por un bellísimo bosque, y no como un fantasma que recorre el mundo como si lo hiciera con unas gafas de realidad virtual. Es por eso, para no sentirnos meros fantasmas, por lo que Dios atenúa esa sensación en el más allá: dándonos una forma visual a los humanos, otorgándonos un rostro; además, nos viste con ropas que nos resultan familiares, podemos interactuar entre nosotros igual que en la tierra.

Antes de la resurrección el vaso de nuestra felicidad (el alma) estará lleno. Después de la resurrección el vaso de la felicidad previo se introducirá en un nuevo vaso (el cuerpo) que también será colmado de felicidad. La imagen del juego de las matrioskas es una buena comparación. Si bien la felicidad que proporcione el cuerpo significará solo un aumento accidental de felicidad, pues lo esencial es la felicidad del alma.

Hay toda una teología de la resurrección que no se ha desarrollado en los siglos pasados por ser este un tema demasiado especulativo, a muchos les daba la sensación de que no había citas bíblicas a las que aferrarse. En la Biblia se habla de la resurrección universal, pero ¿se habla de esa teología de la resurrección? Parece que no. Pero, en realidad, sí que podemos tratar de buscar esa teología en el canto que las escrituras hacen a las alegrías, gozos y placeres que proporciona el cuerpo si esos deleites se usan dentro de la ley de Dios. En los autores cristianos, la doctrina del ascetismo ha eclipsado, en parte, esa enseñanza de lo gozosa que es la vida en la tierra. Pero las dos doctrinas se hallan en las escrituras y ambas se complementan sin contradicción. Lo mismo encontraremos en la patrística y en los autores posteriores.

El libro del Eclesiastés o el Cantar de los Cantares son dos buenos ejemplos de un Dios que se complace en los placeres que él ha puesto en este mundo. Bien es cierto que para un cristiano el dominio del espíritu debe primar sobre el deseo de los placeres corporales. Así debe ser en la etapa de viadores y así será en el reino de los cielos.

Tras la resurrección universal, incluso los condenados al infierno sentirán gran deleite por volver a tener un cuerpo. Cierto que eso permitirá que entre ellos se ataquen corporalmente y que se produzca dolor físico. Pero, también para los réprobos, el quinteto de los cinco sentidos será una fuente de alegría continua, frente a los momentos de dolor corporal: es decir, el balance será positivo. Sin duda, Dios no proporcionará ningún sufrimiento corporal a sus hijos que habitan el abismo.

El fuego del que hablan las escrituras santas es un fuego espiritual que nunca se apagará en las almas de los réprobos. Es un fuego que arde en el interior de sus espíritus. Resulta inconcebible que un Padre amoroso provea directamente de un tormento para sus cuerpos, como algunos postularon al hablar de la pena de sentido.

Ahora bien, sí que podemos hablar de una cierta pena de sentido, entendida esta como todos los dolores físicos que se proporcionarán entre sí los condenados. Sin duda, en el infierno habrá riñas, bofetadas, puñetazos y verdaderas luchas tratando de hacerse el mayor daño posible. Pero estas agresiones graves serán extremadamente inusuales y afectarán a un número muy pequeño de habitantes del averno. También en las ciudades de nuestro mundo actual pululan hombres dominados por las pasiones y se dan ese tipo de altercados, pero observamos que los daños de cierta gravedad son muy infrecuentes. En mi obra *Las leyes del infierno* hablo con más detención de este tema en concreto.

Después de la resurrección fina, el pecado de los habitantes réprobos tendrá su repercusión en el lugar físico donde habiten. De manera que ese lugar se volverá más feo y menos confortable. Si queremos hablar de pena de sentido, solo podemos contar con esos dos factores: los daños corporales infligidos por otros condenados y las incomodidades provenientes de ese entorno físico en el que morarán. Tampoco este segundo factor tendrá su causa en Dios.

ASPECTOS DE LA TEOLOGÍA DEL CUERPO EN EL INFIERNO

Esta teología de la resurrección nos lleva a preguntarnos si habrá actos sexuales en el infierno. No tengo la menor duda de que los habrá. Esos actos serán exactamente iguales a los que se dieron en la etapa de viadores. Y esas prácticas producirán placer, lo cual será un alivio del sufrimiento infernal. El placer corporal se convertirá en anestesia para ese dolor espiritual del infierno. Además, los cuerpos ya no serán feos o deformes, serán cuerpos resucitados, perfectos; tampoco envejecerán. Alguien podría pensar que, dado que sus almas son deformes, convendría que sus cuerpos fueran feos. Pero sus cuerpos proceden directamente de un acto de Dios, y el Creador no hace nada que no sea hermoso y perfecto.

De todas maneras, los réprobos podrán entender el carácter desordenado de esos actos sexuales; comprenderán que ese uso animalesco del cuerpo acaba produciendo hastío; que todo acto desordenado del cuerpo «deseca el alma», la inflama de deseo, de una sed que nunca se satisface. Y estoy convencido de que muchos condenados irán moderando ese desenfreno; y algunos condenados vivirán, incluso, en castidad.

Tendrán toda una eternidad para entender la rectitud de las leyes de Dios. Y muchos, aun por razones meramente naturales, irán aceptando el hecho de que el modo de no sufrir por esa sed que no se apaga es la abstinencia completa. La mayoría no llegará a ese autodominio perfecto, pero ellos comprenderán que, aunque haya ante sus ojos un banquete con mil alimentos, es mejor usar esos manjares de un modo ordenado. Esto vale para la lujuria de los cuerpos, pero también para el uso de todos los placeres corporales en ese reino de las tinieblas.

¿Habrá actos sexuales en el cielo? En mi opinión, no. Ni siquiera dos esposos tras la resurrección irán más allá de una caricia en la mejilla o un beso de hermanos: en ese aspecto serán como ángeles. En realidad, todos los bienaventurados gozarán de los placeres del mundo terrenal como si fueran unos santos místicos de la tierra. Pienso que sí que comerán, pero solo los frutos de la tierra, nada de carne o pescado. Ningún animal tendrá que sufrir para que los humanos sigan viviendo. La cuestión de si se come o no en el cielo ha sido discutida por los teólogos desde la Edad Media. El cuerpo humano gasta energía, ¿qué razón habría para no tener que aportar calorías a través de los alimentos? Aunque el cuerpo humano sea glorioso no es un objeto estático, sino un ser vivo que tiene que sustituir células y regenerar tejidos. Lo natural es pensar que sí que se alimentarán.

Tampoco hemos de pensar que lo único santo es que se alimenten de tomates y peras y frutos crudos, como si cualquier otra sofisticación implicara caer en la mundanidad. Después de la resurrección se cocinará, habrá recetas y modos para hacer agradable el acto de comer, como sucede ahora. Habrá banquetes y reuniones familiares. Lo lógico es pensar que haya cultivos. Muchos tienen una imagen de la bienaventuranza que tiende a ser como la de una isla tropical que ofrece sus frutas a una población ociosa que está tumbada entre la hierba, pero considero que habrá un tiempo de gozoso trabajo. Será una humanidad resucitada, que vuelve a vivir, en medio de una perfecta armonía y felicidad. La otra concepción, la de la isla tropical en la que moran individuos totalmente ociosos, nos ofrece la visión de una humanidad muy diversa del estado natural de los seres humanos. En esta relación entre natural y sobrenatural, me inclino a pensar que lo natural permanece; es cierto que muy mutado por la poderosa presencia de todo lo sobrenatural. Y así el cuerpo resucitado carecerá de enfermedades, no envejecerá. Pero tendremos toda la eternidad por delante, de algún modo habrá que llenar con actividad la jornada cuando esos cuerpos vivan sobre esta misma tierra.

Lo dicho también vale para los resucitados del infierno: cultivarán, comerán, cocinarán, harán todo tipo de actividades. La vida social será una necesidad, ¿quién podría vivir toda una eternidad solo, aislado? La vida social del infierno supondrá alegrías y deleites, pero también será fuente de sufrimientos. Pensemos en la vida social de los jerarcas del III Reich: invitaciones, cenas, paseos, conciertos, teatro. Podían ser hombres malos, pero su vida social era una fuente de pequeños gozos. La interacción social de hombres malos en sí es un bien, el aislamiento es un mal superior a los problemas y conflictos que se sufren en la vida en sociedad.

Si nos fijamos en la Jerusalén Celeste tras la resurrección no podemos reducir a miles de millones de seres humanos a una masa que se dedica solo a mirar a Dios. Si nos fijamos en el infierno tras la resurrección, no podemos pensar que su interacción se reduce solo a hacerse daño. Cuando, en los muros de una iglesia, contemplo un fresco en el que aparece una parrilla en la que se mueven, dolientes, una decena de seres humanos, mientras los demonios, alrededor, usan contra ellos garfios y tridentes, veo en ello una expresión visual del dolor interno que provocará una vida interactuando con seres malvados. Entendido así, no me parece inadecuada una expresión visual de ese tenor. Pero la vida social en esa región espiritualmente tenebrosa se parecerá en muchos aspectos a la vida actual humana.

La sociedad humana infernal y la humana celestial serán tan ricas y variadas como la actual sociedad de los hombres. Si los hombres bienaventurados se dedicaran solo a la contemplación de la esencia divina, estáticos, sin moverse, como si estuvieran en éxtasis, entonces, ¿el cuerpo para qué?

NOTA:

Las consideraciones acerca de los humanos como sustancias esencialmente corporales me han llevado después a hablar de la comida y la sexualidad y otros temas en relación con el infierno y la bienaventuranza. Lo uno ha llevado a lo otro. Una vez que se desplegaban ciertos pensamientos, parecía lo más prudente completar el panorama general de todas las moradas, aunque este libro sea sobre el purgatorio. Por eso, no considero que haya sido una digresión. El hilo del discurso llevaba a ello. Valga esta aclaración para otras «digresiones» que aparezcan en esta obra.

EL ENTORNO FÍSICO DEL PURGATORIO

Por lo duro que sería vivir flotando en la nada, en el vacío, hasta la resurrección es por lo que Dios otorga figuras físicas a las almas, y no solo eso, también nos otorga un mundo material donde movernos en el más allá purgativo. En mi obra *Las leyes del infierno* ofrecí los argumentos por los que sostengo que tanto el infierno como el cielo, aun siendo moradas de las almas hasta la resurrección, son también lugares materiales donde moran esas almas. Es decir, siendo almas espirituales, se les otorga un marco físico, material, donde puedan moverse y sentirse como lo que son, sustancias que siempre han vivido con su corporalidad. Los difuntos ahora no necesitan edificios, ni cuentan con manos corporales para construirlos, pero sí que se mueven en paisajes materiales.

En *Las leyes del infierno* afirmo, como hipótesis teológica, que Dios ha creado un planeta como la tierra que es un Edén donde moran Jesucristo y María acompañados de las almas humanas y los ángeles. A ese planeta lo bauticé con el nombre de Edenia. Mientras que los condenados están en otro planeta, también semejante a la tierra, donde moran los réprobos, y donde habitarán tras la resurrección. A este otro planeta lo llamé Tartaria.

En ese libro expliqué que dudé mucho si hablar de esos dos planetas porque desprestigiaba mi obra. Ahora bien, en algún lugar había que situar los cuerpos de los condenados; y en algún lugar físico están los cuerpos de Jesucristo y su santísima madre. Siempre se había afirmado que Jesucristo no regresaría hasta la Parusía, luego no está en este mundo. La idea de una isla flotando en el vacío del universo no es razonable. Solo quedaba la posibilidad de que morasen en otro planeta que no fuera la Tierra.

Eso nos lleva a tener que plantearnos la cuestión de dónde está físicamente el purgatorio. Los teólogos antiguos mostraban una clara tendencia a situar esas moradas bajo tierra. No es que lo afirmaran de forma abierta (algunos sí), pero la mentalidad popular impregnaba su pensamiento. Mi opinión es que hay tres posibilidades:

—**El vacío:** Están flotando en el vacío: Considero que es algo demasiado duro psicológicamente. Pensemos, además, que el kolpos ha durado miles de años. ¿Miles de años flotando? Rotundamente, no.

—**La Tierra:** Están en algún lugar de este planeta o entre nosotros. Pero hemos de darnos cuenta de que hablamos de muchos millones de seres humanos. ¿Vivos y difuntos estarían mezclados? Parece lógico que tengan su lugar propio para no ser distraídos por la actividad de los viadores. Actividades que los pueden distraer de su fin primordial: la oración, el aprendizaje.

—**Otro planeta:** Dado que al Creador no le cuesta ningún esfuerzo otorgar una morada tan amplia y bella como otro planeta Tierra, me parece la mejor opción. Allí están separados de nosotros, como en un retiro espiritual; centrados en lo que tienen que meditar.

La franja de las almas perdidas sí que se halla en este mundo. Sabemos que es así porque los viadores las ven en lugares concretos de la Tierra: el lugar donde se suicidaron, el lugar donde hubo una matanza, un cementerio. Dios deja que vaguen en entornos terrenos porque, por ejemplo, contemplar desde el silencio a las personas que van a un cementerio, ver su amor a los que ya partieron, el cariño entre los vivos, ver sus oraciones, todo eso les sirve como enseñanza. Otros irán madurando acerca de su opinión del Creador contemplando la naturaleza. Otros miran el movimiento de la sociedad, sus ilusiones, sus ambiciones, y aprenden acerca de la vanidad de las cosas. Mirando a la sociedad, no solo ven lo malo y lo malo, también reflexionan acerca de las acciones buenas de los humanos, de sus obras de caridad.

Eso es la franja de las almas perdidas, pero la vida en el purgatorio común es como estar en un retiro espiritual, dedicados a la oración, a la meditación, a recibir enseñanzas. Aunque, como humanos que son, tendrán en cada jornada su tiempo de descanso, charlando sin más con otros semejantes, paseando, jugando incluso. Incluso en los más estrictos monasterios, la necesidad de esparcimiento, de descanso, resulta insoslayable.

Si todos los purgantes estuvieran pululando en la Tierra, las cosas de este mundo los harían meditar menos en ese más allá que hay respecto al purgatorio en el que están. Por eso, es mejor para su bien espiritual que puedan ver el mundo desde el lugar en que moran, pero solo a veces. A los habitantes del purgatorio, ver cómo prosiguen las existencias de familiares y amigos sin ellos les ayuda, pero solo les ayuda si es en su justa medida. Estar inmersos aquí, en este mundo, mezclados, los distraería. Los haría olvidar el reino de los cielos. Por eso, considero que las almas del purgatorio moran en un planeta creado como morada para ellos. Asimismo, considero que el kolpos también estaba en ese planeta. A ese planeta morada de las almas del purgatorio, le he dado el nombre de Lavacria. Nombre derivado de la palabra latina *lavacrum*. Esa palabra se traduce como «lavado» en el sentido de acción de lavarse.

Tanto Edenia, Tartaria como Lavacria tendrán vida vegetal y animal. Esa vida es enseñanza de Dios, dan gloria al Creador, y las almas purgantes aprenderán a entender a percibir la gloria de Dios en la naturaleza que los rodea. Podemos preguntarnos si esos tres planetas serán muy distintos entre sí. En mi opinión, serán esencialmente parecidos. El Señor no creará un planeta algo más feo para los moradores del purgatorio, y otro mucho más feo para los habitantes del infierno. Los tres serán hermosas creaciones. Pienso que tendrán un tamaño como el de la Tierra y con unos paisajes en todo similares. Ahora bien, parece lógico pensar que el Señor no repita tres veces el mismo planeta, sino que haga tres «obras de arte» diversas. Considero que tanto Tartaria, Edenia como Lavacria tendrán bosques, montañas, ríos, selvas, bellos desiertos y fríos polos, vida en las zonas abisales de los océanos y sistemas de cuevas que se internarán en la profundidad de la tierra. Pero los tres planetas no serán tres copias idénticas, cada uno poseerá su característica belleza. Eso sí, cuando los réprobos resuciten, ellos, dotados de cuerpo, afearán y destruirán mucha de la naturaleza de Tartaria. El pecado de sus moradores tendrá repercusión en su morada física.

Incluso antes de la resurrección universal es posible que Dios haya dotado a Tartaria de una naturaleza más acorde a los gustos desviados de sus habitantes. Del mismo modo que algunas personas vivas sienten más gusto por paisajes más «oscuros», más melancólicos, más «góticos», no descarto que la naturaleza vegetal y animal, así como su orografía, sea más concorde con el ánimo de sus prisioneros. Lo que coloque allí Dios será bello, pero no hay ninguna necesidad de imponerles un entorno que les guste menos. Dios sabe perfectamente cuál es el entorno que más se adecuará a los gustos de esos réprobos, y creando paisajes bellos tratará de que se sientan lo más cómodos posible.

También es posible que Lavacria cuente con más desiertos, con más zonas esteparias, para facilitar el sentimiento de que ese es un lugar de tránsito, no su morada definitiva. Lavacria puede tener unos paisajes más serenos, más desnudos, que los de Edenia. Es decir, unos paisajes que favorezcan la oración, que propicien el recogimiento. Una naturaleza demasiado exuberante, demasiado fascinante, podría distraer. Lavacria conviene que sea una morada más «sosegada».

LAS MORADAS DEL PURGATORIO

Podemos hablar de *zonas* del purgatorio en el sentido de que hay modos de vivir en ese estado de purificación en los que predomina un tipo de sufrimiento. En principio, podría parecer que esas zonas del purgatorio no tendrían que ser lugares físicos, pues las almas no ocupan espacio. Ahora bien, ya he expuesto los argumentos por los que pienso que a las almas purgantes se les concederá un espacio material en el que moverse y relacionarse entre ellas. Eso significa que las distintas moradas del purgatorio sí que pueden corresponder a zonas distintas de ese entorno físico. Dicho de modo más simple: que en Lavacria podemos encontrar distintas zonas geográficas que correspondan a distintas necesidades de purificación.

Si entendemos el denominador común de algunos tipos de almas, podemos hablar de regiones que engloban moradas semejantes. Sin duda, determinadas almas deformadas requieren de ayudas específicas, de maestros de un tipo determinado. Unas almas tal vez requieran de más tranquilidad, que no se las agobie; mientras que otras pueden experimentar un hambre más intensa por saber, un deseo más vehemente por dejarse ayudar.

Aquí en la tierra, cada enfermo es único; y, sin embargo, en los hospitales los pacientes se agrupan según distintas especialidades. En el purgatorio, puede haber almas que tienen problemas con la comprensión de determinadas verdades teológicas. Otras almas pueden encontrarse con un especial problema para perdonar. En unas almas predomina la ira; en otras, la tristeza; en otras, la soberbia. Los que vagan en la tierra como almas perdidas pueden sentirse que han caído en el infierno, llegando a creer que están condenados. Ciertamente, algunas de estas almas perdidas pueden concluir que la situación en la que se hallan no tendrá final. Esta idea aparece en san Juan de la Cruz:

> Esta es la causa de por qué los que yacen en el purgatorio padecen grandes dudas de que no han de salir de allí jamás y de que se han de acabar sus penas. Porque aunque habitualmente tienen las tres virtudes teologales, fe, esperanza y caridad, la actualidad que tienen del sentimiento de las

penas y privación de Dios no les deja gozar del bien actual y consuelo de estas virtudes. Porque aunque ellos echan de ver que quieren bien a Dios, no les consuela esto, porque no les parece que les quiere Dios a ellos, ni que de tal cosa son dignos; antes, como se ven privados de él, puestos en sus miserias, paréceles que, aunque ellos echan de ver que quieren bien a Dios, echados de Dios con mucha razón para siempre[1].

Mi opinión es que este místico tuvo alguna visión acerca del estado de las almas perdidas. Sin embargo, cuando escribe esa experiencia, lo hace hablando del purgatorio en general, lo cual puede dar la impresión de que todas las almas sufren un estado parecido de desolación cuasinfernal.

En la cita que he ofrecido, toda la parte que va entre «porque aunque Habitualmente […]» hasta «[…] quieren bien a Dios» no es otra cosa que una reflexión teológica del santo esforzándose por compaginar lo que vio (la sensación de condena eterna) con la verdad de fe de que nadie va al purgatorio (purgatorio común) si no muere en gracia de Dios. Aunque no las trascribo aquí, pues no aportan nada nuevo, en la *Noche oscura* aparecen dos citas más del santo acerca de que al alma *le parece aquí que la ha Dios arrojado* para siempre. Este pensamiento, que concuerda perfectamente con la sensación que tienen las almas perdidas, se consideró tan problemático con la concepción del purgatorio común que durante mucho tiempo fue suprimido de las ediciones posteriores de esta obra del santo.

Como se ve, unas almas sienten un sufrimiento cuasinfernal, otras llegan al purgatorio llenas de amor a Dios y muy purificadas, otras comienzan una etapa prolongada que el Padre celestial adaptará a las necesidades de cada uno de sus hijos. A las moradas inferiores hay almas que han llegado en tal estado de hundimiento psicológico que es mejor no insis-

---

1   ¹San Juan de la Cruz, *Noche oscura*, lib. n, c. VII, n.º 7. 117

tirles y dejarlas solas durante un tiempo, dándoles la oportunidad de que ellas mismas maduren vagando en la soledad, pues cualquier intervención solo serviría para provocar reacciones de rabia, de oposición.

Las distintas moradas no son (como en *La divina comedia*) unos lugares donde se agrupan los que pecaron de gula; en otra, los que pecaron de avaricia, etc. No, sin duda las cosas no son así; sino que se agrupa a las almas por su estado específico de deformación. Pero no debemos olvidar que cada alma llegó a esa situación de deformación por una concreta combinación de pecados; y que, entre esos pecados, suele haber un vicio dominante.

En el hospital, tal vez uno dañó su hígado por el abuso de alcohol, y otro dañó el mismo órgano por el consumo de anfetaminas, y otro por una infección de hepatitis B a causa de una vida sexual promiscua. Pero, aunque las causas sean diversas, el resultado final es que ese hígado está dañado. El ejemplo de este daño orgánico para la salud física es una buena comparación con el daño del alma para la salud espiritual. Del mismo modo, en el purgatorio lo que se trata de «curar» es el alma en el estado que está, sea cual sea el origen de ese estado. Normalmente, los estados finales son el resultado de la conjunción de muchos tipos de pecado.

Por lo cual, cuando hablo de moradas en las que se agrupa a las almas según sus pecados, en realidad, a lo que me refiero es al grado final al que ha llegado esa deformación y a las características específicas de esa deformación, las cuales requerirán cuidados apropiados para su estado. Como se ve, la agrupación de almas se realizará con criterios muy profundos que solo se pueden aplicar si se ve el alma en toda la profundidad de su mal personal, cosa que no podemos ver aquí en la tierra.

Y eso sin contar con que antes he hablado de que uno de esos criterios tal vez pueda ser congregar a las almas según su procedencia cultural. Parece claro que será de una gran ayuda, nada más llegar al purgatorio, tener a personas que hablan tu lengua, que saben cuál es tu formación previa al llegar allí, tus esquemas étnicos. El hecho de morir no concede el conocimiento infuso de todas las lenguas. Los humanos pensamos con palabras, palabras de una lengua concreta. No existe el pensamiento puro que después lo traducimos a palabras, sino que pensamos con palabras. Al morir, seguimos conociendo solo nuestra propia lengua. De manera que ser recibidos por compatriotas en el purgatorio es una grandísima ayuda. Después, en la eternidad, tendremos tiempo para conocer todas las lenguas que deseemos, pero al morir solo conocemos las que hemos aprendido. La recepción en el purgatorio tiene su importancia, pues está claro que no se le puede explicar nada más llegar a un asiático que vivió mil años antes de Cristo que a un monje benedictino que pasó toda su vida en una abadía. Las moradas culturales y las de los pecados se combinan.

Como se ve, hay tres criterios que, según nuestro pobre entender, pueden tenerse en cuenta a la hora de cómo organizar las zonas del purgatorio común: los pecados dominantes, el estado final del alma, el grupo cultural. Estos tres criterios pueden ser dinámicos en el tiempo. Y así, por ejemplo, este podría ser el orden de criterios que se tienen en cuenta:

Primera etapa: Uno puede ser recibido en el purgatorio por almas de su entorno cultural.

Segunda etapa: Tras adaptarse al nuevo estado, tras aceptar la situación, uno pasa a un grupo de almas que han sido reunidas por la situación final de su alma.

Tercera etapa: Desbrozada la maleza principal del campo del alma, se pasa a un grupo de espíritus que tiene como denominador común unos pecados dominantes. Si la segunda etapa ha sido retirar los obstáculos principales, ahora se tratará de una labor de más detalle.

Pero todo esto son posibilidades. ¿Quién sabe? Pero la luz de la razón parece indicar que la organización del purgatorio común es un término medio entre la compartimentación y un magma en el que todas las almas estén mezcladas. Que hay dos regiones totalmente separadas, de eso no tengo la menor duda: la superior del purgatorio (el atrio) y la inferior (la de las almas perdidas). De ningún modo están en el purgatorio común las que ya gozan de los resplandores cuasicelestiales y las que sufren dolores cuasiinfernales. Obsérvese que he usado la palabra «cuasicelestial» y no «cuasibeatífico», para no dar a entender que la visión beatífica tiene grados.

MAPA GENERAL DEL PURGATORIO

Tres son las regiones principales del purgatorio antes y después de Cristo; estas regiones se subdividen en moradas; y las moradas en otro tipo de zonas:

Moradas kolposianas:
—Kolpos purgante.
—Kolpos expectante.

Purgatorio actual:
—Atrio.
—Purgatorio común.
—Franja de las almas perdidas.

Limbo de los *parvuli*:
—No nacidos.
—Niños inmaduros.
—Individuos con discapacidades mentales.

Pero observemos que estas tres regiones no son compartimentos estancos, sino que hay una cierta mezcla entre ellas. Es decir, también en la época del kolpos existía el limbo de los infantes. También en el antiguo kolpos purgante debía de haber moradas donde se recibía a las almas según la procedencia cultural, lo mismo que ahora en el purgatorio común. También los moradores del purgatorio actual y del kolpos deben estar agrupados según sus pecados. ¿O tal vez es mejor mezclar a los muy pecadores con una cierta cantidad de almas muy adelantadas en su propio proceso, para que ayuden a las más necesitadas? En principio, como norma general, como se hace en un hospital, da la sensación de que resulta más provechoso agrupar a los «enfermos» por patologías, aunque en este caso se trate de patologías del alma.

Esta cierta mezcla e interconexión entre regiones encuentra su correlato en el planeta Tierra. Hay una zona de hielos en el Polo Norte, pero también en la Antártida. En el planeta Tierra las más extensas zonas desérticas se sitúan en la franja del trópico de Cáncer, pero también hallamos densas selvas en esa misma franja.

Hay desiertos extremadamente áridos en el trópico de Cáncer, pero también los hay muchísimo más al norte, en el centro de Asia. Hay regiones montañosas cubiertas de bosques (como en Suiza); y zonas montañosas que carecen de cualquier cubierta vegetal (como en el Tíbet). Algo parecido pienso que sucede en el amplio mundo que es el purgatorio; un verdadero mundo (espiritual) por donde han pasado miles de millones de almas. Un mundo espiritual conectado con un entorno físico; o, mejor dicho, con tres marcos físicos. El purgatorio común estaría en Lavacria. Las moradas inferiores en los lugares de la tierra donde vagan las almas perdidas: muy a menudo cementerios, lugares donde murieron, u otros sitios donde deciden pasar los días (que se les hacen inacabables) porque sienten que esos sitios conjugan con su estado de ánimo, normalmente se trata de lugares solitarios. Tal vez, me atrevo a aventurar, el atrio del cielo esté situado en Edenia. Tal vez el atrio sea una pequeña zona de ese planeta donde ya se preparan para el ingreso inminente en la Jerusalén Celeste.

Durante toda mi vida, me imaginé el ingreso en el cielo como la entrada en un espacio carente de cualquier elemento material. Allí no habría ni siquiera nubes, sino solo almas y ángeles, y Dios estaría situado en el centro. Ahora bien, ¿por qué no imaginar la entrada de las almas en el cielo como la entrada a un marco físico compuesto por prados, flores, pájaros, arroyos, ovejas, todo ello bajo un cielo azul primaveral? En la imaginación de un cielo inmaterial, Jesucristo debería estar situado en el centro. Y eso siempre alteraba el cuadro visual que trataba de imaginarme: ¿dónde colocar a un Jesucristo corporal en ese cuadro? No solo era porque el trono donde se sentara debía estar apoyado en algo, y ese estrado en otra cosa, de manera que había que imaginar algún tipo de marco material más grande o más pequeño. El problema no era solo eso, sino también cómo imaginar la manifestación de la Santísima Trinidad con un Cristo corporal que ocupa el centro de la escena. Tampoco es que estuviera nunca seguro de que tal manifestación de la Santísima Trinidad tuviera que darse. La visión de ese misterio trino podía darse en el interior de las almas de los bienaventurados. Si esto fuera así, con los ojos del cuerpo (una vez producida la resurrección universal), solo veríamos a Cristo. La visión de la Santísima Trinidad se produciría a nivel espiritual, del alma, sin manifestación visible alguna.

Sin ninguna duda, la imagen de un anciano con barba, vestido con una túnica, sentado al lado de Cristo, siempre se ha considerado una mera imagen pictórica, conceptos traducidos a imágenes. Dígase lo mismo con la imagen de una paloma suspendida entre el Padre y el Hijo. Eso son formas visuales, pero la imagen del cielo que yo debía pintarme en mi oración debía ir más a la esencia de esas realidades divinas. Incluso imaginar a Dios como una esfera no deja de ser una traducción visual de lo que es un Ser sin otra forma que la metafísica. La conjunción de un Dios encarnado con dos personas no encarnadas no acababa de poder imaginarlo bien tratando de imaginar en una sola escena esa «corte».

Pero ¿por qué imaginar esa corte celestial? ¿No basta con afirmar que el *centro del cielo* es un misterio y pasar página? Por supuesto que nuestra inteligencia es libre de pasar página cuando quiera, libre para no tratar de responder a un interrogante. Ahora bien, Jesucristo y su madre son seres humanos con cuerpo; y, por tanto, esa corte celestial (incluso antes de la resurrección universal) no puede imaginarse más que como una conjunción de lo material y lo espiritual.

En la visión que sostengo como la que me parece más razonable, el centro lo ocupa Jesucristo, en un marco completamente material, rodeado de almas que aparecen con figura humana. En mi mente, el marco en el que sitúo la escena es un pasaje digno de una arcadia feliz, un Edén, un entorno paradisiaco. Las almas y los ángeles se mueven, se sitúan en lugares concretos de ese entorno idílico. Almas y ángeles son vistos porque Dios permite que podamos verlos con una forma. Soy del parecer de que Dios Uno será visto porque Él mismo se manifestará con alguna forma.

Si Dios Uno y Trino no se manifestara en modo alguno, los bienaventurados conocerían su esencia; que, de forma visible, no está en ningún sitio físico concreto. De manera que tendríamos visión espiritual de su esencia, pero Dios Uno no estaría presente de forma visible en ningún sitio, salvo en Jesucristo. Parece más satisfactorio que los bienaventurados vean su esencia, pero que lo tengan visible en algún lugar. Varios versículos de las Escrituras avalarían esta idea.

> Tened cuidado de no despreciar a estos pequeños. Porque, os digo, que en los cielos sus ángeles continuamente ven la faz de mi padre que está en los cielos (Mateo 18, 10).

Lo interesante es que se dice que esa visión tiene lugar en los cielos y que el objeto de esa visión está en los cielos. Si Dios está en todas partes, ¿por qué remarcar dos veces este elemento? Alguien me dirá que los ángeles no ocupan lugar y que no estamos hablando de un lugar físico concreto. Cierto que no ocupan lugar, pero sí que ese versículo distingue entre la tierra (como un lugar donde no reside la manifestación divina) y el cielo (como el lugar donde está la sede de su manifestación).

Esta información de que algunos ángeles están en la tierra y otros ante su trono se repite en otros versículos:

> Gracia a vosotros y paz de Aquel que es y que era y que ha de venir, y de los siete espíritus que están delante de su trono (Apocalipsis 1, 4).

En concreto, se habla de estos siete espíritus en muchos otros lugares de las Escrituras. Lo interesante es que se nos informa de que están ante su trono, frente a otros espíritus que ven la Faz de Dios pero que no están siempre ante su trono. ¿Acaso el mismo Templo de Jerusalén con su Sancta Sanctorum no es imagen de esta realidad celeste? *Ofrecen culto en un santuario que es bosquejo y sombra del celestial* (Hebreos 8, 5).

Con toda esta información, quiero mostrar por qué me imagino así esa corte celestial. Si tuviera que pintar un cuadro, a Cristo lo pintaría con su cuerpo en un trono y a las otras dos Personas divinas las representaría como esferas de gloria rodeando ese cuerpo material. Todo en medio de un nuevo Edén con almas alrededor y ángeles entremezclados en esa jerarquía de gloria. Jerarquía que ya solo tiene en cuenta la santidad del espíritu.

¿Estoy seguro de que las cosas son así, visualmente hablando? Por supuesto que no, solo ofrezco mi particular opinión acerca de cómo puede ser esta corte. Pero, aunque mi razón se esfuerce, la realidad puede sorprendernos a todos y a mí también. A favor de esta visión situada en Edenia debo referir que los individuos que tienen experiencias cercanas a la muerte refieren haber llegado a un lugar con praderas e idílica vegetación, un lugar de una inmensa belleza. Tal vez el túnel que ven estos individuos sea el traslado a algún lugar concreto de Lavacria. Lo cual me lleva a aventurar que, al salir del purgatorio común, entrarían en otro túnel para arribar a Edenia. La visión del túnel, tanto al llegar a esa zona de prados como al salir de ella, es una constante en todas estas personas que refieren este tipo de experiencias cercanas a la muerte. El túnel implica una traslación de un lugar físico a otro.

Mientras que el descenso de la Jerusalén Celeste sobre la tierra, el día de la Parusía, lo imagino con todas las almas, acompañando a Cristo, literalmente descendiendo de los cielos hasta la tierra. En un primer momento de la Parusía, los hombres vivos que queden verán a Cristo suspendido en el aire, rodeado de ángeles. Las almas descenderán para retomar sus cuerpos. Visible en el cielo quedará solo Cristo, su madre y los ángeles; las almas, buenas y malas, se levantarán sobre la faz de la tierra (allí donde estén sus restos) y serán congregadas en un lugar para el juicio. Por eso cuando se dice que los hombres resucitados serán congregados ante el Rey de reyes, será realmente así. Serán congregados para ver una escena que tendrá lugar en un sitio concreto de este planeta Tierra. El juicio final tendrá lugar con Cristo situado en alto, en mitad del cielo. Y la masa humana será dividida en dos sitios: a un lado los salvos, al otro los réprobos. No es una imagen conceptual, sino que los humanos literalmente irán siendo colocados a un lado y a otro. Será una escena grandiosa.

Alguien me acusará de echar a volar demasiado la imaginación con estas consideraciones. Ahora bien, el clero y las personas consagradas nos pasamos toda la vida, años y años, dedicando mucho tiempo a la oración mental; y en esos momentos de oración ¿cuántas veces nos hemos imaginado el cielo? Infinidad de veces. ¿Qué hay de malo en proponer cómo puede ser, visualmente, esa realidad que hemos anhelado año tras año? Por supuesto que nada malo hay en ello. Creemos en una fe construida sobre dogmas, pero la virtud de la esperanza siente nuevos ánimos no solo con conocer el objeto de nuestra fe, sino también imaginándolo. Esa imaginación aviva el deseo de nuestra esperanza. Este libro trata de ofrecer una imagen más adecuada, de acuerdo a las Escrituras que lo que a veces vemos en frescos y óleos. Lo curioso es que, tras darle vueltas a este asunto durante toda mi vida, al final, la imagen que se nos ofreció en millares de frescos a lo largo de los siglos resulta ser la más precisa, la más acertada teológicamente. ¿Acaso lo que he dicho no es lo que hemos visto desde niños en infinidad de murales y ábsides de iglesias, desde el románico hasta nuestros días?

Me puedo equivocar en las conclusiones que he ofrecido, pero no me siento nada culpable en ofrecer estas consideraciones. Además, si uno lee los capítulos finales de libro del Apocalipsis, el texto sagrado nos ofrece un marco visual para esa Jerusalén Celeste cuando desciende sobre la tierra. ¿Todas esas imágenes son conceptos, meros símbolos? Aunque admitamos el simbolismo de cada imagen, cuando esas imágenes han sido leídas por millones de cristianos a lo largo de los siglos, la impresión que a muchos les ha ofrecido tal descripción es la de un marco material. Esa interpretación física (que no excluye la simbólica) no puede ser desechada sin más, como es la tendencia predominante. La tendencia de los teólogos ha sido siempre expresar conceptos, pero el corazón del creyente siempre ha sentido la necesidad innata de imaginar aquello que creía con la mente.

Si la Nueva Jerusalén sobre la tierra (la que será establecida sobre el planeta Tierra) será tan material, pienso que ahora la corte celestial (la que yo sitúo en Edenia) consta igualmente de los elementos materiales que me he atrevido a suponer para ese futuro tras la Parusía. Sea dicho de paso, la descripción del libro del Apocalipsis es tan material que incluso describe la forma y las medidas de esa ciudad celeste que se establecerá sobre este mundo:

> La ciudad tiene cuatro lados iguales. Su largura es la misma que la anchura. Y midió la ciudad son su vara: veinte mil estadios. Su largura y su anchura son iguales (Apocalipsis 21, 16).

¿Todas estas indicaciones poseen su simbolismo? Seguro que sí. Pero pienso que también describen una realidad arquitectónica.

EL KOLPOS COMO REALIDAD ACTUAL

Hasta ahora, he hablado del kolpos como de una morada pretérita. Y es cierto que la redención ha tenido lugar y esta se ha derramado también a las moradas del purgatorio en las que ahora están los que mueren viniendo del paganismo. Es decir, las enseñanzas de la redención y sus frutos son conocidos por los no bautizados que viven en la escatología intermedia. Esto significa que ahora los paganos difuntos conocen las enseñanzas de la redención (eso incluye la visión de la vida de Cristo) y los frutos de esa redención (la Iglesia); esto último implica que pueden ver la vida de los santos, de los cristianos normales que se santifican con tantas obras buenas; por ejemplo, una madre buena que ora con fervor por la salud de su hijo; escenas que, sin duda, tocan el corazón de esas almas difuntas. En ese sentido, el kolpos de antes de la redención no existe: la vida purgativa ha cambiado. Y, por supuesto, el kolpos expectante se vació y dejó de existir.

Ahora bien, no olvidemos que hay almas de nuestro tiempo que han vivido siempre en un ambiente pagano y que nunca han oído hablar más allá de generalidades acerca de Jesucristo. 2024 años después del nacimiento del Redentor, hay seres humanos cuya situación del alma es la misma que la de un pagano que vivió doscientos años antes del nacimiento de Cristo. Hay espíritus humanos que llegan al purgatorio actual exactamente en el mismo estado que los espíritus de los siglos anteriores a la redención.

¿Sería mejor usar otra palabra que *kolpos* para designar la morada de los paganos muertos después de la redención? Honestamente, la realidad es esencialmente la misma, por eso considero que resulta preferible mantener la misma palabra. Resulta más acertado hablar de un kolpos antes de la redención y de la misma morada después de esta.

No tengo duda de que a los habitantes del kolpos, antes de la redención, los ángeles les mostraron lo que estaba enseñando y realizando Jesucristo mientras este estaba sobre la tierra. En toda su plenitud, la redención arribó al kolpos cuando Cristo descendió a las regiones inferiores y les predicó. En el purgatorio actual, incluso a los paganos, se les muestra la redención y se benefician de las gracias que se desprenden de esta.

Así entendido el kolpos, la división más adecuada del purgatorio actual sería:

—**Purgatorio cristiano:** Incluiría a todos los cristianos que han tenido un conocimiento adecuado del mensaje de Cristo y han sido bautizados; sean de la confesión cristiana que sean.

—**Seno de Abrahán:** Allí irían todos los judíos. Pues, aunque hayan nacido después de Cristo, su situación personal se asimila en todo a los hijos de Abrahán que murieron antes de Cristo, pero ya conociendo al Dios que describen las santas Escrituras.

—**Kolpos de los creyentes en el Dios Único:** Serían todas esas personas que proceden de otras tradiciones; por ejemplo, los musulmanes.

—**Kolpos pagano:** Sería el lugar de aquellas personas que ni siquiera llegaron a conocer a Dios y en el purgatorio se les debe enseñar todo.

Luego a las cinco regiones principales del Purgatorio, antes mencionadas, hay que añadir estas cuatro. Aunque, como ya dije, se inscriben en las cinco anteriores. En un reino basado en los precisos límites de sus tierras, las fronteras son claras. Pero si en el planeta Tierra miramos las fronteras de bosques, desiertos, hielos, etc., veremos que todo está entrelazado, solapado y conectado con infinidad de intersecciones. Lo mismo pasa en ese mundo espiritual del purgatorio. Sus moradas son mucho más complejas que un mapa con unas líneas claramente delimitadas.

LA RAYA QUE DELIMITA EXISTIR COMO VIADOR O NO

Es cierto que el kolpos antes de Cristo carecía de los elementos de la revelación y los elementos subsiguientes (ejemplo de los santos, visión de lo que es la Iglesia a lo largo de los siglos, etc.) de los que sí que disponen los ángeles y bienaventurados que ayudan a las almas paganas que mueren ahora, además también cuenta con las oraciones de los cristianos por las almas del purgatorio. Ciertamente, el kolpos antes de Cristo era distinto al kolpos después de Cristo, pero esencialmente son la misma realidad. Sin duda, el elemento definidor esencial del kolpos no es el tiempo, sino el estado personal de los que integran esa morada. A iguales estados del alma, iguales cuidados e iguales medicinas.

ACTOS SALVÍFICOS *POST MORTEM*

Démonos cuenta de que los moradores del kolpos antes de Cristo pudieron hacer un acto de aceptación de la redención, por eso Jesucristo descendió a esas regiones inferiores para predicarles: [Cristo tras su muerte] *predicó a unos espíritus en prisión que tiempo atrás fueron desobedientes* (1 Pe 3, 19). San Pedro escribió que *esta es la razón por la que **el Evangelio fue proclamado incluso a los muertos**; para que,* aunque ellos habían sido juzgados en la carne (como todos son juzgados), *pudieran vivir en el espíritu como Dios hace* (1 Pe 4, 6). Es decir, todo indica que esa predicación fue salvífica; pues se hizo para que *pudieran vivir en el espíritu.* De manera que, si es igual la situación personal de las almas en el kolpos antes de Cristo y después de Cristo, si esas almas (todas ellas) están en la misma situación precristiana, ¿por qué solo las almas antes de Cristo pudieron tomar una decisión salvífica? La gracia es una moción que toca el alma. ¿Cómo Dios no va a poder tocar un espíritu por el mero hecho de que este haya abandonado el cuerpo?

Esto nos lleva a considerar que, en la escatología intermedia, sí que se puede tomar una decisión salvífica. Eso ocurrió en el descenso de Cristo a las regiones inferiores, pero también ahora. Ocurrió en ese descenso y en los ecos de ese descenso; ecos que continuarán resonando en esas moradas hasta el juicio final. Todo esto refuerza la idea de verdadero juicio en el modo en que hay que considerar el juicio final. Por supuesto que muchos ya están juzgados de forma definitiva, pero algunos todavía se pueden beneficiar de un tiempo de gracia, un tiempo en el que la gracia puede todavía impactar en sus espíritus. Parece más acorde con la misericordia de Dios el prolongar su tiempo de compasión hasta el máximo. Al purgatorio (considerado en toda su extensión, es decir, en todas sus moradas) van las almas de los que no han rechazado definitivamente a Dios.

Soy plenamente consciente de que siempre hemos simplificado la complejidad de este asunto con la afirmación de que al purgatorio van las almas que mueren en gracia de Dios. Pero, al mismo tiempo, siglo tras siglo, se ha considerado que las almas de los infantes muertos sin bautismo podrían beneficiarse de misteriosos caminos de la divina Providencia; y se decía eso de niños que no estaban en gracia de Dios. Luego siempre se afirmó una cosa (que al purgatorio iban las almas muertas en gracia de Dios), pero no se cerró el paso a que los caminos de la escatología intermedia fueran más complejos que lo expresado en las seguras y ciertas afirmaciones catequéticas, que siempre fueron una simplificación: verdaderas, expresión de la verdad, pero no podemos afirmar que fueran expresión de toda la verdad.

De esta posibilidad de realizar actos salvíficos, quedan excluidas aquellas almas que durante su tiempo de viadores tomaron una decisión definitiva de rechazar a Dios. Es decir, aquellos que cayeron en el infierno ya nada los puede sacar de ahí. Si la gracia salvífica del amoroso Padre Celestial pudiera actuar en las almas moradoras del infierno, Dios no dejaría de hacer algo. Pero, ciertamente, existen almas impenetrables, impermeables, clausuradas sin fisura alguna. El yo férreo que como un planeta tiene un centro ardiente, un corazón de lava ígnea, el fuego del odio a Dios. Aun así, como ya expliqué en *Las leyes del infierno*, sí que pueden recibir gracias no salvíficas. Gracias que mejoren sus existencias en la eternidad. Gracias divinas que mejoren su vida espiritual en el largo camino que es ir avanzando en la eternidad.

Todas las almas que no han rechazado definitivamente a Dios van al espacio intermedio que media entre el cielo y el infierno, allí sí que cabe que se pueda realizar un acto de sumisión y amor al Creador. Ahora bien, una objeción que se podría hacer sería: ¿pero esto no abriría la posibilidad de considerar la vida en el purgatorio como una segunda vida, como un verdadero tiempo de viadores? La respuesta es no.

En la escatología intermedia, aunque quepa esa aceptación de Dios, ya no cabe cambiar sustancialmente el grado de virtud alcanzado en la etapa de viador. Por decirlo de un modo sencillo, los fulgores de la Divinidad impiden la obtención del mérito. Por expresarlo de un modo simplista, si un campesino es llevado a Versalles, y está esperando en la antecámara de Luis XIV, allí ya no tiene ningún mérito ser amable con el rey y querer hacer lo que le pida. Cuando el campesino vio al rey disfrazado como un mendigo que necesitaba ayuda y que se la pedía con humildad, entonces sí que hubiera tenido mérito ayudarle. Pero ahora, en la antecámara de Versalles, ya no tiene mérito alguno. Eso sí, tanto el alma del purgatorio como el campesino que espera en la antecámara del salón del trono pueden arrepentirse, el arrepentimiento sí que será verdadero. El ingreso en las moradas purgativas impide de raíz ese esfuerzo de fe que sí que nos transformaba meritoriamente, ahora solo cabe la transformación purificadora. La transformación meritoria se basa en la fe; la transformación purificadora, en la esperanza.

En la tierra, cuanto mayor sea la oscuridad (la mayor es la de la noche del espíritu que describe san Juan de la Cruz), mayor es el mérito. La oscuridad en la que se esfuerza la fe resulta esencial para el mérito. Eso es válido para las almas y para los espíritus angélicos en su etapa de viadores. Pero, en el purgatorio, la fe ya es iluminada por los rayos de la alborada. En la alborada no se contempla al Sol de Justicia, pero su luz ya ilumina no solo el horizonte, sino también los objetos cercanos. En el purgatorio no se ve la esencia de Dios, pero su luz llega como llega al mundo en la alborada.

Por eso, el tiempo como viador acaba, radicalmente, al morir. Pero eso no significa que en el kolpos (antes y después de Cristo) se pueda aceptar a Cristo como Señor y recibir lo que ha sido dado en llamar un *bautismo de deseo*. Aunque el concepto de bautismo de deseo no se refiere únicamente a que ellos desearían haber sido bautizados con el sacramento —por supuesto que sí que lo desearían—, sino que se refiere ante todo a su deseo de obtener la salvación que proviene del Redentor. Deseo que los lleva a lavarse, a sumergirse en su perdón y gracia. El bautismo de deseo no es un mero deseo de haber recibido el sacramento —eso también se desea—, sino que en esencia es el deseo de sumergirse en la gracia de Dios, gracia que perdona y regenera, gracia que destruye el mal moral y llena de vida espiritual.

Caso distinto es el de los infantes, muertos sin la gracia de Dios. Pienso que ellos son preservados por Dios para que sí que puedan tener un tiempo de viadores igual que el de los espíritus angélicos al ser creados. No igual en sus detalles, pero sí en su esencia: un tiempo de prueba, un tiempo de tentación, un tiempo que ofrece la capacidad de esforzarse en la oscuridad de la fe. Cómo pudo haber sido el tiempo de viadores de los espíritus angélicos lo explico en mi obra *Historia del mundo angélico*.

La tentación forma parte necesaria de ese tiempo de esfuerzo de los espíritus angélicos viadores como de las almas. La tentación estuvo presente incluso para Adán y Eva en su tiempo originario de amistad con el Creador. No hay esfuerzo sin tentación. Determinadas virtudes no pueden desarrollarse si no es bajo el peso atrayente de los apetitosos frutos del árbol del conocimiento del bien y del mal. Si no fuera así, el Creador nos hubiera hecho sufrir gratuitamente. La tentación es necesaria para la santificación, para forjar las almas, por eso Dios la permite.

En un más allá luterano, sin purgatorio, sin grados de felicidad, bajo esas premisas teológicas, el Señor que todo lo decide se manifestaría como un Señor sádico, ciego a las crueles consecuencias de su voluntarismo. Pudiendo hacer las cosas de otra manera, habría escogido el camino del dolor. En la visión teológica del luteranismo, tienen razón en que el purgatorio no tiene ningún sentido. La visión católica de la santificación en el tiempo de viadores (y, por lo tanto, de la purificación en el más allá) está anclada en el ser de las cosas, en unas leyes de la lógica que ni Dios mismo puede saltarse. Dios ha permitido el sufrimiento porque para llegar a ciertas alturas de santificación no hay otro camino. Nos tenemos que purificar antes de entrar al cielo, porque nuestras almas no resistirían psicológicamente el choque de la visión beatífica con nuestro mal a cuestas. Un protestante puede no creer la visión teológica que subyace en la idea católica de purgatorio, pero lo que no podrá negar es que está basada en la razón. Si Dios hubiera podido habernos ahorrado el purgatorio, ¿por qué no ahorrarnos los sufrimientos como viadores? ¿Por qué no ahorrar a su Hijo el sufrimiento del Calvario? ¿Por qué no ahorrar todo sufrimiento a toda la humanidad? Permitir el sufrimiento tiene sentido para santificarnos, lo cual se basa en el concepto católico de esfuerzo. Santificarnos tiene sentido si hay grados de gozo en el cielo. Basta arrancar el purgatorio del orden teológico católico para que toda esa armonía de silogismos se quebrante y se derrumbe.

Dios no puede saltarse la lógica. Dios no ha creado la lógica. El Creador conoce las leyes que rigen la conexión entre razonamientos, pero Él mismo está sometido a las leyes de la lógica. Durante toda la eternidad cada alma gozará según sea. El ser del que recibe determina el modo en que se recibe a Dios. Y solo hay un medio de transformar a las almas para que se santifiquen: dotarlas de libre albedrío y otorgarles un tiempo para la forja de sus espíritus. No hay una lotería en la que puede tocarte el premio máximo, no hay un cetro que sea como una varita mágica. La mera salvación como un infante bautizado y muerto antes del uso de razón sí que es posible. La obtención de un alma como la de san Ignacio de Loyola o la de san Antonio Abad requiere del libre albedrío trabajado con años de forja en el fuego del esfuerzo. El premio de los eremitas lo reciben los ermitaños, el precio de los ascetas lo reciben esos atletas del espíritu. Insisto, no hay loterías, no hay varitas mágicas. La omnipotencia divina queda encauzada por las leyes de la lógica. Dios puede hacer lo que quiera, dentro de esas leyes. Esas leyes nos muestran que hay acciones divinas totalmente indiferentes, otras convenientes y otras necesarias.

Porque Dios sigue la conveniencia de las cosas es por lo que Jesucristo consideró lo más adecuado el descender a predicar a los muertos. Tras su muerte en el Calvario, no se limitó a abrir las puertas del cielo y a decir a todos los moradores del kolpos purgativo: «¡Entrad!». No, incluso a ellos convenía que se les predicara. La última fase de su trabajo como Redentor consistió en esa predicación. Episodio que puede parecer muy breve, pero recordemos que estamos hablando de otro tipo de tiempo. Cristo con cuerpo predicó a los hombres con cuerpo. Cristo sin cuerpo predicó a los hombres sin cuerpo. El Salvador dedicó tres años de predicación a los hombres de su entorno. ¿Iba a ser brevísimo en su labor predicadora para con millones de difuntos? Este último episodio de la redención de la humanidad puede parecer de poca trascendencia al estar oculto tras un velo, pero fue importantísimo. Aun así, dado que duró algo menos de tres días terrenos, su estancia en el evo del purgatorio no fue muchísimo más grande que ese tiempo de la tierra. Algunos pudieron experimentar ese lapso del evo el doble de largo que el tiempo material o el cuádruple, pero esos «tres días» no se hicieron largos como años, ni siquiera como meses. Los tres días materiales nos permiten hacernos una idea aproximada de la longitud de ese espacio del evo dedicado a la predicación.

Jesús entró en el purgatorio y eso provocó un impacto global en todas sus moradas como una piedra que golpea un estanque. Impacto mayor en las más cercanas a la Piedra, impacto menor en las más lejanas. Hablo de una cercanía y una lejanía espiritual. Un torturador, un monstruo, no entró en el cielo sin más si acababa de llegar al purgatorio justo antes del descenso de Cristo a esas moradas. Sin duda, la llegada del Salvador al kolpos fue un verdadero impacto; una sacudida general acompañada de gracias especiales, inmensas gracias para un momento único. Lo que fue para muchos viadores ver a Cristo hablar y obrar tuvo su perfecto correlato en el purgatorio. Pero no todos los viadores se convirtieron. Del mismo modo, no todos los purgantes alcanzaron un grado de conversión y limpieza subsiguiente que resultase adecuado para entrar de inmediato ante Dios.

Aun así, las masas que entraron en el reino de los cielos fueron impresionantes. Pienso que la mayoría pudo entrar en ese momento en el cielo siguiendo a Cristo. Pensemos además que la mayoría estaban ya purificados en el kolpos expectante. La mayoría de los recién llegados al kolpos purgante pudieron entrar de inmediato. El descenso de Cristo solo se puede comparar a un gran año jubilar. Ahora bien, todos, absolutamente todos, no estuvieron en situación de poder hacerlo de un modo inmediato. El impacto de esa venida de Cristo debió de madurar en sus almas.

EL EFECTO NIVELADOR DEL KOLPOS

En algún momento de nuestras vidas, muchos bautizados hemos pensado lo diferente que es para el alma haber nacido en el seno de la santa Iglesia frente a aquellos que siempre han vivido en las tinieblas del paganismo. Podemos echarnos la culpa a nosotros mismos de no haber evangelizado lo suficiente para que la luz del Evangelio llegara a ellos. Pero, además de otras consideraciones, no podíamos evangelizar a los que nacieron antes de Cristo. Y por mucho celo que se hubiese desplegado, millones de personas habrían muerto en esa oscuridad hasta que llegase el reino de los cielos a ellos. Desde luego, esos paganos no tenían ninguna culpa de que no hubiera llegado a ellos ni esa luz ni esas aguas sacramentales. Las vidas de esos paganos habrían cambiado mucho si hubieran sido evangelizados. La eternidad de miles de millones de almas habría sido muy distinta. Pero su eternidad será peor sin culpa alguna de ellos.

¿Quién no se ha planteado esta cuestión alguna vez? Yo he nacido en una familia cristiana, pero ¿y los otros? Todos hemos vadeado esta cuestión respondiendo que la voluntad de Dios era misteriosa y que Él podía haber abierto caminos que no conocíamos para compensar esas carencias del paganismo. La visión del kolpos que he ofrecido une ambas dimensiones de la cuestión en una sola solución: la voluntad de Dios que da a cada uno según determina y la posibilidad de abrir un camino que no conocemos.

Me explico, el kolpos tiene un efecto nivelador respecto a la inmensa diferencia entre nacer en el cristianismo y nacer en el paganismo. Los habitantes del kolpos que nacieron antes de Cristo, recibieron, ¡todos!, la predicación de Cristo. Todos ellos fueron testigos directos de la revelación del Salvador. Pero los habitantes del kolpos que llegaron a esa morada después del descenso de Cristo a las regiones inferiores también ellos recibieron la revelación, el Evangelio; recibieron la buena nueva por boca de los ángeles y de santos que los ayudan. El descenso de Cristo sigue teniendo eco en el kolpos hasta hoy día, como un estanque en el que las ondas de una piedra arrojada en él siguen rebotando del centro a los bordes, y de los bordes al centro.

Con lo cual, los paganos (antes y después de Cristo) recibieron y siguen recibiendo el Evangelio. Con esto, por supuesto, no hago de menos la inmensa diferencia que existe entre vivir desde niño en las enseñanzas de Cristo y sus sacramentos, y pasar toda la vida carentes de esos medios de santificación. Ahora bien, qué duda cabe de que, sin negar esta diferencia, el kolpos tiene un efecto compensatorio. Algo lógico, pues todos son hijos de Dios y no sería justo que unos tuvieran un banquete y a otros se les dieran las migajas. Un padre no haría eso con sus hijos.

NOTA:

Como la expresión «hijos de Dios» causa ciertos malentendidos, voy a ofrecer una breve aclaración. Todos los seres humanos somos hijos de Dios por la naturaleza. Los humanos no somos cosas que Él crea, sino hijos. Otra cosa es que, por el bautismo, podamos llegar a ser hijos de Dios por la gracia. Pero el más pagano de los hombres es realmente hijo de Dios, aunque haya otra filiación que eleva ese don natural a lo sobrenatural.

En cierto modo, aquí en la tierra, unos están sentados a la mesa de un banquete espiritual (los nacidos en la Santa Iglesia) y otros comen un alimento espiritual más sencillo: las verdades conocidas por la razón natural, las conocidas por la gracia (directamente venidas de Dios) y las conocidas por ciertos maestros espirituales; maestros no cristianos, pero que enseñan verdades acerca de Dios, del sentido de la vida, del más allá. Esta diferencia considerable en el modo en que pasamos nuestro tiempo como viadores está expuesta con la siguiente imagen visual salida de los labios de nuestro Maestro:

> Él respondió: «No está bien tomar el pan de los niños y echárselo a los perritos». «Sí, Señor —repuso ella—, pero también los perritos comen de las migajas que caen de la mesa de sus amos» (Mateo 15, 26-27).

El mismo Cristo reconoce la existencia de esta enorme diferencia. Pero el Padre de todos compensa, y lo hace a menudo durante la vida en la tierra. Lo que no les da, por un lado, se lo da por otro. Pero, en cualquier caso, en el kolpos, sí que los dones de ese Padre amoroso tienden a compensar esas diferencias. Digo que «tienden» porque no es que, al final, todas las almas tengan que haber gozado exactamente de las mismas gracias, como si todo tuviera que ser nivelado de un modo igualitario. No, la gracia es multiforme, variada, irrepetible. Cada ser humano recibe un número y tipo de gracias completamente únicos, adaptadas a su persona y sus circunstancias. Pensar en una especie de igualitarismo en este campo de las gracias y circunstancias en las que uno crece y vive sería como querer cuadricular lo que crece en los prados y en los bosques según unos criterios cartesianos. Existen diferencias en lo que reciben las almas, pero tanto en la vida como en el más allá existe una tendencia compensatoria. Es decir, existe una voluntad en el Padre Celestial de compensar a los que menos han recibido. El que menos gracias y circunstancias favorables haya recibido en su tiempo como viador, si hubiera acogido lo que recibió, podría haber llegado a ser santo. Incluso el pagano que menos recibió pudo haber sido transformado en un santo si hubiera secundado los dones que se le entregaron. Aunque esto es una afirmación general, pues no pocos de ninguna manera pudieron llegar a la santidad en su tiempo de viadores. Ese es el caso de todos los muertos antes de los seis o siete años de edad. Las diferencias existen, eso es innegable.

Cierto que hay diferencia entre nacer y vivir en la era cristiana o en el paganismo, pero alguien podría afirmar que hoy día hay muchos cristianos sin experimentar ningún encuentro personal con Cristo. Es decir, que muchos cristianos viven sin haber experimentado nunca una verdadera conversión. Muchos cristianos, hoy día, viven exactamente igual que los paganos. Es cierto, pero no debemos olvidar que, en el año en el que estoy escribiendo estas líneas (año 2024), vivimos en un peculiar tiempo hacia una sociedad poscristiana. Nuestra situación no ha sido la normal. Lo normal, en todas las épocas, es que todos los nacidos en cualquier denominación cristiana hayan creído en Dios; en un Dios que es justo, pero que perdona; saben lo esencial sobre la bondad de Jesucristo; creen en la vida gozosa en el más allá si uno se arrepiente de todo corazón. Es decir, cualquier bautizado de siglos pasados vivió bajo la luz de estas verdades esenciales, aunque después no configurara su existencia a estas verdades en las que creía de corazón.

De manera que este tipo de cristianos que vivieron como paganos vivieron en lo más profundo de sus almas con la llama de la fe del Evangelio y el arrepentimiento ante Dios surgía de un modo suave y natural. De ahí que, al llegar al purgatorio, pienso que no acabaron en las mismas moradas de los paganos en los que todo el trabajo del anuncio de la buena nueva estaba por hacer.

Como se ve, el panorama del purgatorio fue y sigue siendo muy variado. Hay paganos que son santos ya en la tierra. Hay cristianos muy pecadores, niños que mueren sin uso de razón, individuos con deficiencias mentales, judíos que ya conocían a Dios como señor del universo, musulmanes que adoran al Dios Uno, budistas que perciben por intuición la existencia de un Ser Supremo al que le oran y le piden cuando se ven en necesidad; animistas de tribus muy primitivas que entienden que tiene que haber un Creador bondadoso que los escucha, etc. Es decir, se han dado y se dan todo tipo de «clases de almas» y la recepción y cuidado de esos espíritus humanos son lo que hace variadas las regiones del purgatorio. Cuando hablo de «clases de almas», me refiero a las características accidentales que inciden en la esencia del alma. La esencia de todas las almas es la misma, pero por sus características podemos hablar de «clases de almas».

Capítulo IV.
Últimas consideraciones sobre el purgatorio

LAS FASES TEMPORALES DE LAS MORADAS KOLPOSIANAS

Si observamos las representaciones del más allá en el catolicismo, nos daremos cuenta de que el interés de la clerecía fue encargar imágenes del cielo y del infierno. Proporcionalmente, el número de representaciones del purgatorio resulta anecdótico. Encontraremos mucha más iconografía de cualquier pasaje bíblico de secundaria importancia que de esta morada de la humanidad, el lugar donde habitaron nuestros padres durante los cuatro mil años que van de Adán a Jesucristo.

No solo eso, la representación del cielo refleja el orden de una sociedad. Las almas bienaventuradas no se pintan o se esculpen como abejas o pájaros arremolinados en desorden volando alrededor del Creador, sino que aparecen como un grupo humano jerarquizado; a diferencia del infierno, que se representa como caos sufriente. En el caso del purgatorio, la imagen más común es la de un lago de fuego, entre cuyas llamas emergen los condenados representados de cintura para arriba. El concepto de sociedad está ausente de estas imágenes de los purgantes. Aunque se hallen todos cerca unos de otros, nunca hay comunicación entre ellos. Se trata de un sufrimiento individual y solitario. Están cerca unos de otros, forman una multitud, pero su aislamiento personal contrasta con las interacciones que se observan en los cuadros y tímpanos que representan la bienaventuranza y el averno. La única interacción que se observa es la mirada de los purgantes hacia la Virgen María con el Niño en su regazo, a veces una mano que se dirige suplicante hacia ella.

Y, sin embargo, los humanos somos seres sociales. Si encerramos a cien personas en una cárcel, constituirán una pequeña sociedad; a menos que sean forzadas a vivir recluidas todo el tiempo en celdas individuales. Dígase lo mismo de cien náufragos que se pusieran a salvo en una isla donde debieran vivir varios años apartados de cualquier otro contacto humano. Cien personas en una isla es imposible que se mantengan como individuos aislados entre sí.

Si aceptamos la cronología que nos ofrecen las sagradas Escrituras, desde Adán hasta Jesucristo transcurrieron 4000 años. En el siglo I se estima que la población mundial era de 250 millones de seres humanos. El kolpos supuso que millones de almas estuvieran reunidas en una morada cuya duración se alargó hasta llegar a los millares de años. Resulta impensable que esa masa humana no se constituyera como sociedad. Además, cuando murieron los hijos de Adán y Eva, y fueron al kolpos, allí se encontraron con las almas de sus padres. Cuando murieron los nietos, allí se encontraron con las almas de sus padres y sus abuelos, Adán y Eva; y así sucesivamente. Es decir, cuando los difuntos de toda la humanidad eran solo cincuenta, el reencuentro de esas almas suponía la reintegración en la sociedad familiar precedente. Y, plausiblemente, bajo los esquemas de autoridad y respeto patriarcal que existían en la tierra; cuando menos, así fue en una temprana primera etapa.

Y así debió de ser cuando los difuntos fueron cien, doscientos; pero, poco a poco, la organización social comenzaría a mostrar más complejidades. Sin dejar de permanecer esos vínculos de sangre, a estos se superpondrían otro tipo de vínculos. Los lazos familiares se combinarían con otro tipo de relaciones intelectuales y espirituales. En esa sociedad de almas hubo también sabios y santos.

En un primer momento, cuando los difuntos no excedían las doscientas o trescientas personas, en verdad la humanidad purgante se veía a sí misma como una familia. Pero, poco a poco, emergieron patriarcas principales entre todos los patriarcas menores; y sabios más sabios entre los sabios; y santos más luminosos en los hombres más buenos. Me refiero a la luz de la virtud, no a ningún resplandor espiritual visible.

El que durante su etapa como viador fue un sabio o un santo emergió con esa misma altura espiritual en medio de ese grupo de almas. El que fue grande como viador (grande en su alma) fue reconocido como grande en esa morada ultratumba. El que fue simple e imperfecto durante su vida en la tierra, así fue visto en el más allá. El que esa sociedad kolposiana contó con sus patriarcas se echa de ver en el mismo modo con el que llamó Jesús a una parte del kolpos: el seno de Abrahán. Sin duda, esa sociedad que era el kolpos fue articulándose en grupos menores. Lo mismo que, en el libro del Apocalipsis, en torno al trono del cordero había veinticuatro ancianos, también en esta humanidad purgante se acabó decantando un grupo compuesto por patriarcas, sabios y ancianos que ejercían como cabezas de esa sociedad.

Entre ellos no habría reyes, sino patriarcas. Es decir, su influencia no se basaba en relaciones de mando, sino de autoridad moral. Estamos hablando de espíritus, no existía la posibilidad de un poder coercitivo de tipo físico. Pero sí que existía la posibilidad de la recriminación e, incluso, la posibilidad (en los peores casos) de pedir a las almas que se abstuvieran de mantener contacto con alguna alma que estuviese torciendo gravemente su camino espiritual y pudiese desviar a los demás. De todas maneras, los ángeles sí que podían ejercer ese poder coercitivo. A esta autoridad moral, la de los patriarcas, se uniría la autoridad intelectual y, la más importante de todas, la autoridad de la santidad. La autoridad en esas moradas era una combinación de esos tres elementos. Probablemente, a la autoridad de Adán, Noé, Abrahán, el profeta Samuel, Salomón, el profeta Jeremías se uniría la autoridad de otros individuos por otros capítulos. He citado un ramillete de nombres, pero fuera de Adán y Abrahán no tengo ninguna seguridad de que esos nombres destacados en la tierra siguieran ejerciendo alguna influencia en el más allá. Quizá los más destacados en el más allá tenían que ver con los más destacados aquí en la tierra. Pero me inclino a pensar que los tres rangos más razonables son los que constituían los pertenecientes a los patriarcas, sabios, santos. Y que, entre estas tres jerarquías, la de los patriarcas contaba con elementos más humanos. Es decir, que individuos que ejercieron una gran influencia en la tierra fácilmente pudieron continuar con esa influencia en ese grupo humano; aunque ya sin poder coercitivo.

Alguien puede pensar que este modo de imaginar la sociedad kolposiana es demasiado humano, como si fuera la misma sociedad solo que en un ámbito distinto. No, no quiero dar esa impresión: realmente las cosas son muy distintas en el más allá. El paso a las moradas del purgatorio supone un cambio radical para cada alma desde el primer día, y ese cambio se acrecienta conforme avanza el proceso purgativo. No, de ningún modo es la misma sociedad solo que cambiada de entorno, se trata de otra sociedad con otros valores, con otras prioridades, con otro modo de vivir y de relacionarse. Lo purgativo pasa a ser el interés esencial de todo el conjunto de relaciones personales. Las relaciones colectivas no hacen más que reforzar ese interés individual por limpiarse, por la virtud, por fomentar el hambre de Dios.

Ahora bien, no creo que Adán sea un habitante más del kolpos, uno más en esa masa. Lo lógico es pensar que ejerció una cierta función patriarcal. De Abrahán no cabe duda, el mismo Jesucristo lo reconoce al llamar a esa morada como *seno de Abrahán*. No creo que los jueces o los profetas pasaran a ser sujetos anónimos en la sociedad kolposiana. Pero, sin duda, pudo haber reyes de Judá indignos que no tuvieron ninguna razón para ejercer influencia entre sus antiguos súbditos. Dígase lo mismo de los caudillos de sumerios, incas o birmanos. Hubo caudillos paganos que destacaron en la vida por sus virtudes, por su reinado justo y bondadoso. Probablemente, en esa sociedad ejercieron algún tipo de influencia. Aunque la influencia de los patriarcas humanos (hebreos o paganos) sin duda que será menor que la influencia de los santos.

Pero no, no estamos hablando de una pura y simple traslación de las relaciones entre viadores al más allá. Ni se hizo una pura traslación ni tampoco se hizo *tabula rasa* de todo lo anterior. Ahora bien, hay mucha diferencia entre imaginar esa sociedad kolposiana como un aula donde todos se limitan a escuchar y a mirar al profesor (una sociedad pasiva), a imaginarla como la misma sociedad terrena solo que en el más allá. La sociedad kolposiana estaba a medio camino entre lo uno y lo otro. Se trataba de una sociedad plenamente activa —activa en sus relaciones sociales—; pero, al mismo tiempo, se trataba de una sociedad radicalmente transformada por lo divino, por el hambre de Dios.

Me puedo imaginar perfectamente la posibilidad de un kolpos con una sociedad totalmente pasiva. Es decir, una sociedad en la que todos miran a los maestros (ángeles y santos), pero en la que las relaciones entre los purgantes estaban reducidas a lo mínimo. Pero considero que es más sabio por parte de Dios hacer uso de la causalidad intermedia. Es decir, que la sociedad purgante colabore con sus propios medios para ayudar a sus propios miembros. Aunque hay una diferencia bastante grande entre el kolpos, es decir, una entera sociedad trasladada al más allá para esperar durante siglos: una sociedad trasladada en bloque; y el purgatorio actual, en el que solo quedan en esas moradas los que todavía no se han purificado.

Sin duda que los purgantes han experimentado el impacto que supone abrir los ojos a la dimensión que es la vida en el más allá. Pero he hablado de «poder coercitivo» porque no todos los que llegan a esa sociedad pueden ser ejemplos de docilidad desde el primer momento. Son individuos libres y el hecho de haber pedido perdón a Dios justo en el momento de la muerte no significa que esa renuncia a los propios planteamientos no se haga sin cierta resistencia en algunos momentos, sobre todo al principio del proceso purgativo. Aunque, sin duda, lo que predomina en todos al llegar al purgatorio es la docilidad, la voluntad de escuchar y ser humilde. Pero hay espíritus extremadamente soberbios que, incluso allí, pueden pensar que su independencia y su rebeldía serán vistas con admiración.

Y es que algunas almas que pidieron sinceramente perdón al verse cara a cara con la muerte tendrán que ser «domadas». No es que se los castigue físicamente, por supuesto que no; pero sufrirán correctivos adecuadamente personalizados, como la medicina que un farmacéutico prepara para un paciente determinado. Los ángeles y los santos saben perfectamente qué hay que hacer en estos casos. Pero seguro que la mayoría de los purgantes quedarán tan embelesados ante la visión de esas moradas que únicamente experimentarán sentimientos de acatamiento sin reservas, de perfecta sumisión. Aun así, algunas almas (aunque se arrepintieron en el último momento) tendrán que ser domadas, pues la ceguera y la soberbia de los humanos puede resultar llamativamente pertinaz.

CÓMO IMAGINAR A LAS ALMAS

¿Cómo me imagino a las almas del purgatorio? ¿Como presencias incorpóreas? ¿Como fantasmas grises y desvaídos flotando en mitad de la niebla? Hemos visto que la estancia en el purgatorio puede durar siglos. Durante tan largo periodo de tiempo, ¿las almas han de relacionarse con otras percibiéndolas como meras presencias, como seres desencarnados, como individuos sin rostro, sin expresiones faciales, sin apariencia de cuerpo? Por supuesto que tal cosa es teológicamente posible. Ahora bien, ¿no parece más adecuado a la psicología humana que Dios permita que cada alma sea percibida con una apariencia de corporalidad?

Puedo equivocarme, pero la apariencia de las almas en el infierno, purgatorio y cielo estimo que debe de ser exactamente igual que la que tuvieron cuando vivían en la tierra. Considero que conviene que sean visibles (visibles solo a los ojos de otras almas) con su volumen, los colores y las vestiduras que fueron usuales durante sus vidas. Así es como son vistos los fantasmas sobre la tierra. Pero, ciertamente, son incorpóreos; se trata solo del modo como percibimos a los espíritus humanos.

Como ya expliqué anteriormente, no pienso que estén levitando en la nada. Me los imagino paseando con amigos, por prados y campos. Sentándose bajo un roble para escuchar a alguien que les enseña. Dándose la mano para saludarse, abrazándose. Al caer el sol, me los imagino recostándose sobre la hierba para descansar del día. Pasando el tiempo de la noche relajadamente, sin pensar en nada, durante esas horas de oscuridad, como dormitando. Al principio, consideré la posibilidad de que ese tiempo nocturno no fuera como el sueño corporal (que es de completa desconexión), y que solo se tratara de un cierto dormitar de la mente. Pero ahora me doy cuenta de que el sueño es un verdadero don de Dios: uno se levanta con la mente descansada, con nuevos ánimos, con el deseo de comenzar un nuevo día. La eternidad con los descansos nocturnos se torna como un continuo recomenzar. Por eso me decanto a considerar que a las almas también Dios les ha concedido el don de poder dormir. Pues en el sueño, más que el cuerpo, descansa la mente. La eternidad con la sucesión del tiempo diurno y el tiempo nocturno me parece más agradable que no si están sumidos en un eterno día continuo.

LA HISTORIA DE LA SOCIEDAD PURGANTE

Millones de personas y el transcurso de siglos, la conjunción de estos dos elementos implica que hubo una verdadera historia del kolpos. Pero no fue una crónica de guerras, anexiones territoriales y victorias al modo humano. Su historia fue la historia de la evolución de esa sociedad serena. Lo mismo que la historia de los humanos sobre la tierra evoluciona sin que dejemos de ser viadores, la historia de los habitantes del kolpos evolucionó sin que eso los alejase de su situación purgante y expectante. El kolpos en su esencia, no en sus elementos accidentales, se asemeja a un lugar de oración, a una casa de retiro espiritual, a un monasterio. La historia humana sobre la tierra tiene muchas veces, como motor de cambio, la codicia, la ambición, el pecado, la búsqueda del poder. Pues bien, el kolpos experimenta las fases que tendrían miles de personas viviendo en una abadía. Y, además, una abadía vigilada y regida por la providencia divina. No se trata de una abadía abandonada a sí misma, a sus propias fuerzas humanas, sino que estamos hablando de un grupo humano con un fin preciso, la purificación, que contó con toda la ayuda divina que fue conveniente. Dios intervino todo lo que fue necesario para que se lograra ese fin. Lo mismo, *mutatis mutandis*, fue válido para el purgatorio tras la redención.

Tras la muerte no se pierde el libre albedrío. De hecho, esa libertad, hace que las almas puedan esforzarse en la purificación *post mortem*. Ahora bien, el kolpos primero y el purgatorio después no constituyen una segunda vida, sino que se trata de un complemento al único tiempo como viadores que tienen los hombres. No son tres vidas, sino una única en tres etapas: viadores (mérito), purgantes (purificación), bienaventurados (fruición). El entendimiento del purgatorio como una segunda vida resultaría erróneo, desvirtuaría su verdadero propósito. No hay dos espacios de tiempo en el que somos viadores. La constitución de las características esenciales del alma, la forja del espíritu, tiene lugar en el tiempo sobre la tierra. El segundo tiempo, purgativo, es una etapa complementaria respecto a la primera. Lo único que continúa entre el final de la primera etapa y el comienzo de la segunda es el alma con todas sus características. Pero el espíritu da comienzo a una fase cualitativamente distinta: no solo por el nuevo entorno y ayudas del cielo, sino también porque otro es el propósito de esta fase.

Cierto que el purgatorio, incluso entendido como una abadía, cuenta con su historia, no todo ha sido un estatismo inmóvil. El kolpos y el purgatorio actual experimentan algún tipo de cambios internos. Aunque es la historia humana de los viadores la que goza de una evolución notable. El purgatorio, al estar enfocado hacia lo sobrenatural bajo el prisma de lo purificador, mantiene un estado de cosas mucho más estático. El mundo de los viadores experimenta cambios en los límites de sus reinos e imperios, se acumula el conocimiento científico que lleva al cambio del mundo, la vida en el mundo mejora fruto de la técnica, experimenta cambios sociales, se da la irrupción de nuevas ideologías. Mientras que la sociedad purgativa no tiene ningún interés por transformar el planeta en el que se asienta (y cuya materia no puede tocar), no tiene reinos que ampliar, sus habitantes están enfocados hacia la oración. Cierto que no están todo el día sumidos en la oración vocal y mental, también se instruyen entre sí, instrucción enfocada a la mejora espiritual.

Esta centralidad en lo espiritual no significa que estén todo el día rezando y hablando de temas santos. La psicología humana también requiere de momentos de esparcimiento. Pero, como se ve, se trata de una sociedad que no alberga interés alguno por evolucionar en ningún campo que no sea el espiritual, el campo de la propia alma se torna la gran preocupación. Claro que es centrando sus pensamientos en la Santísima Trinidad como ellos mismos se transforman. El purgatorio no es un estado en el que uno está pensando en sí mismo todo el tiempo: no están en un incesante examen de conciencia, en un continuo pedir perdón. La propia transformación se realiza a través de la adoración, a través de los esfuerzos por ayudar a los demás. Sin duda que también uno se examina a sí mismo, cierto que se pide perdón con mucha frecuencia, pero todo ello enmarcado en el mismo equilibrio que se da en la tierra cuando uno entra en una abadía. Lo de la comparación con la abadía no deja de ser una comparación. Pero la veo adecuada para expresar ese dar la espalda, ese conjunto de intereses mundanos que son los que reinan habitualmente en la etapa de viadores. ¿Cómo se organiza en la tierra un periodo de tiempo monástico para enderezar al hombre viejo, para enderezar lo que está torcido? Esos horarios, ese modo de proceder, las lecciones que se dan, los tiempos de oración, todo ello nos puede ofrecer una luz acerca de ese otro tiempo tras la muerte.

Esta visión monástica del purgatorio me parece mucho más cercana a la realidad que no entender ese estado como un lago de fuego del que surgen muchas cabezas mirando hacia lo alto. No digo que esa comparación «fogosa» (permítaseme la broma) no tenga parte de verdad. El arrepentimiento puede compararse, con toda razón, a un fuego espiritual que arde en el interior del alma. La suma de cientos de miles de fuegos espirituales conforma una «tierra del fuego» donde arden millares de fogatas individuales. Ahora bien, aun existiendo ese fuego, la comparación con una abadía pone el acento en el proceso, en la oración y la comprensión, y esta comunitaria. Probablemente, si viéramos el purgatorio real, la comparación con una abadía nos parecería pobre, y comprenderíamos las desemejanzas. Ahora bien, la idea de una sociedad monástica me parece la más adecuada para entender ese conjunto de individuos.

Y el que entendamos a ese conjunto de millones de purgantes de un modo abacial nos lleva a entender por qué se trata de una sociedad anclada en el estatismo, por más que transcurran los siglos. Aunque el kolpos no era exactamente igual que el purgatorio actual. El kolpos no fue el mismo purgatorio que ahora solo que situado antes de Cristo. Y es que el purgatorio actual está compuesto por muchos millones de seres humanos orando. Mientras que el kolpos primitivo (insisto, el kolpos del primer momento) fue una sociedad muy reducida que en bloque se fue trasladando paulatinamente de este mundo a la etapa purgante, y que en bloque estuvo a la espera del Mesías. Al principio, el kolpos tuvo un carácter familiar más intenso que el actual. La entera familia, toda ella unida, entraba en la fase expectante.

Y conforme el número de los habitantes del kolpos iba aumentando, seguía siendo la sociedad terrena entera la que entraba en esa etapa de espera. El kolpos de la segunda etapa —la de una humanidad más amplia— se trataba de una sociedad unida en la tierra y unida en la etapa purgante; y una sociedad que seguía esperando unida el momento de la entrada en el reino de los cielos. No, el kolpos no era el mismo purgatorio solo que antes de Cristo; se trató de una fase única.

Eso fue así no solo porque en el purgatorio actual exista el conocimiento del Evangelio y la gracia de la redención, sino porque —simplificándolo todo— el purgatorio actual es una breve etapa antes de entrar al purgatorio, mientras que el kolpos constituía una etapa larga de espera. Ese hecho hacía que el kolpos tuviera un carácter más humano, no tan sobrenatural como el purgatorio actual. Con eso me estoy refiriendo a que los habitantes del kolpos tuvieron miles de años para cultivar la filosofía, la teología, incluso la literatura oral. La otra opción es imaginar un kolpos en el que todos eran santos muy santos puesto que se les otorgó pasar miles de años en una situación de vida cuasimonástica. Eso situaría a los nacidos antes de la redención en una situación casi más proclive a la santidad que los nacidos después, a los cuales solo se les otorgaría una breve estancia en el purgatorio.

Además, en el purgatorio actual las personas pasan un tiempo y son transferidas al cielo. De manera que en el purgatorio actual solo moran los que quedan. Se trata de una sociedad que experimenta una continua pérdida de habitantes. Por el contrario, en el kolpos permanecía la sociedad entera que uno había conocido en la tierra. En el kolpos primitivo de la primera fase de la humanidad, la familia (entendida de un modo amplio) pasaba a ser una estructura muy fuerte, muy presente en el más allá. Juntos habían vivido sobre la tierra, juntos afrontaban la existencia en esas moradas ultratumba.

Cuando la humanidad fue mucho más numerosa, aparecieron estructuras humanas que se superpusieron a las familiares, sin anular a estas. Como ya dije, estas estructuras, esta red de relaciones humanas, incorporaron a santos y sabios. De hecho, en el más allá, la santidad es algo que brilla con mucha más fuerza que cualquier otra razón social. Aunque hay que incluir a los sabios porque no es exactamente lo mismo santidad que sabiduría acerca de lo humano y lo divino. Muchas veces ambas realidades (valor del alma y ciencia) coinciden, pero no siempre.

Por todo lo explicado era lógico que el kolpos se articulara como una sociedad en la que las virtudes humanas (las cardinales y todas las que derivan de ellas) experimentaran más desarrollo que en el purgatorio actual en el que las virtudes sobrenaturales (fe, esperanza y caridad) tienen una clara preeminencia. Eso no significa que tengamos que hacer una división excluyente, pues todas las virtudes se desarrollaron en ambos estados. No olvidemos lo que ya expliqué: el desarrollo era accidental respecto al grado alcanzado en el tiempo como viadores.

Todo esto lleva a entender que en el kolpos se cultivaron campos como la literatura (sin libros físicos), la filosofía, la historia (no solo el conocimiento de esta, sino también su análisis), así como otros campos que no requieren de instrumentos materiales. Pero, cuando digo que se dedicaron a la literatura, me refiero a que cultivaron una literatura de creación propia, pero también a que cultivaron el conocimiento de la literatura que se daba en el mundo en la etapa como viadores. Nuestros padres miraban con cariño la evolución de sus hijos. Valga lo mismo para todas las ramas de las artes. Los habitantes del kolpos no podían pintar cuadros, pero miraban con agrado cómo sus descendientes iban desarrollando la pintura, la escultura y todos los campos en los que el cultivo de la belleza se diversificaba. Y dígase lo mismo para todas las demás ciencias. Por ejemplo, los habitantes del kolpos no se dedicaron ellos mismos al desarrollo de la química, pero sí que observaban lo que hacían sus descendientes.

Estamos hablando de siglos que tuvieron que «llenarse» de algún modo. De lo contario, el tiempo vacío se habría convertido en una tortura desquiciante. Podían haber estado orando todo el tiempo, sin hacer otra cosa, pero de ser así esto habría hecho que los habitantes del kolpos —como ya he dicho antes— hubieran sido mucho más santos que los purgantes de siglos posteriores, cuyas estancias en el purgatorio iban a ser mucho más breves. Se mire como se mire, las moradas kolposianas tuvieron un carácter más humano que el purgatorio actual. Si nos fijamos en las mismas palabras, estas parecen ofrecer un atisbo de lo dicho. *Seno de Abrahán* ofrece una idea de comunidad, de grupo. Mientras que la palabra *purgatorio* se centra en el aspecto purificador.

¿Qué fases hubo en el kolpos? ¿Qué grandes etapas experimentó esa sociedad? Por supuesto que no lo sé; ahora bien, haberlas las hubo. Un ser humano no está igual ahora que mil años después, lo mismo vale para un grupo de humanos. Sin duda, ellos siguieron con muchísima atención, como espectadores, la historia de Abrahán, de Isaac, del Éxodo, lo que predicaban los profetas. Por supuesto también la evolución de todas las demás sociedades que conforman la familia del mundo. La historia de Israel pasó a ser central, pues era el desarrollo progresivo de la revelación del Creador a sus hijos; pero ellos veían a la humanidad como una familia y amaban a todas las culturas.

Los ángeles les transmitirían esas imágenes del planeta, pues las almas no salían de Lavacria. Las predicaciones de los profetas también eran enseñanza para ellos. Probablemente, en un momento dado, también esas almas del más allá comenzaron a orar con los salmos. También ellos meditaron y oraron con las sagradas Escrituras, como lo hacemos nosotros a pesar de vivir en otra cultura y otro tiempo. Sí, hubo una historia en el kolpos, pero fue una historia espiritual, no de conjuras cortesanas o de avance de ejércitos por una región.

MANIFESTACIÓN DE LAS ALMAS EN LA TIERRA

Cuando la bruja de Endor invocó al espíritu de Samuel (1 Samuel 28), hay que recordar lo que enseña santo Tomás de Aquino respecto al modo en que un espíritu está en un lugar. El alma de Samuel salió de su lugar de descanso (su morada con las demás almas) en el sentido de que se manifestó en la tierra. Dado que las personas que han experimentado experiencias cercanas a la muerte refieren la entrada en un túnel antes de ingresar en otro «lugar», es razonable pensar que el alma de Samuel se vio arrastrada a un túnel, apareció en la tierra, dio su mensaje y volvió a verse arrastrado al túnel, que lo devolvió a su lugar de descanso. El texto bíblico afirma que Samuel le preguntó: *¿Por qué me has perturbado haciéndome ascender?* (1 Samuel 28, 15). Es curioso que se hable de «ascender». Este mismo concepto se repite algo antes, cuando la necromante había dicho: *Veo a un dios que asciende de la tierra* (1 Samuel 28, 13). Los cuerpos eran sepultados; con lo cual, si el alma regresaba al mundo de los vivos, se entendía que ascendían del lugar donde habían colocado al difunto. Por eso, al llegar a Endor, Saúl le dice *haz ascender para mí al que te nombraré* (1 Samuel 28, 8). Como se ve, el verbo típico hebreo que se usa para la de idea de invocar a las almas difuntas para que se manifiesten es el de «ascender», pero no pienso yo que las almas estén bajo tierra. De hecho, las personas que han experimentado la muerte (y a las que después se las ha reanimado) refieren que sus espíritus estaban cercanos a su propio cuerpo en el lugar del accidente de tráfico o en el quirófano. De manera que las almas no están junto a sus cuerpos en el cementerio. Aunque algunas almas perdidas sí que puedan morar en el cementerio durante algún tiempo, como parte de su estancia en el purgatorio.

Hago notar un pequeño detalle que refuerza la idea de que la condenación eterna es el destino de muy pocas almas, y es que Samuel le dice a Saúl: *Y mañana tú y tus hijos estaréis conmigo también* (1 Samuel 28, 19). No dice simplemente «estaréis muertos», sino *estaréis conmigo*.

Toda manifestación de los espíritus del más allá (almas, ángeles o demonios) tiene que ser permitida por Dios. Todas, sin excepción. Nadie puede aparecerse sobre la tierra si no le es permitido, pues el Omnipotente ha establecido una barrera entre este mundo y el del más allá. Se trata de una barrera determinada por su voluntad, y solo su voluntad puede permitir la excepción.

Si ocurre una aparición espontánea —es decir, sin invocar a ninguna alma para que se manifieste—, no hay nada que temer. Uno no ha hecho nada para que eso ocurra. Luego lo que suceda será para bien nuestro si uno se limita a orar, ver y escuchar. De lo que uno haya sido testigo lo guarda en su corazón y el tiempo le ayudará a entender por qué el Padre Celestial permitió que aquella alma traspasara ese muro de separación. Ahora bien, el que uno invoque a las almas para que se manifiesten supone una transgresión del orden divino. Si Dios las ha retirado de este mundo, nosotros no podemos quebrantar la separación que el Señor ha dispuesto. El Todopoderoso puede permitir que se manifiesten almas condenadas o del purgatorio para que nos convenzamos de que ese mundo del más allá existe, pero no tendremos la seguridad de que lo que dicen sea verdad; y muchas veces tampoco tendremos la seguridad de que el espíritu que afirma ser un familiar en realidad lo sea. Puede ser otra alma o, incluso, un demonio.

Invocar espíritus para conocer el más allá es un modo impuro para conocer esas regiones. Nunca podremos estar seguros de qué parte es verdadera y cuál es falsa. Aunque hay centenares de supuestos testimonios de almas que dicen haberse comunicado durante las sesiones espiritistas, nada de eso lo he tenido en cuenta para esta obra. Muy errado estará el que quiera levantar una teología del purgatorio basada en unos fundamentos ya no endebles, sino de nula consistencia. Las sesiones espiritistas, los interrogatorios durante exorcismos, lo que manifiestan las almas a través de los médiums son un camino impuro para obtener conocimiento, un medio errado para obtener información.

PARALELISMO ENTRE EL DESCENSO A LOS INFIERNOS Y EL JUICIO FINAL

Lo mismo que la historia humana se divide en antes y después de Cristo. En el purgatorio, igualmente, hay un antes y un después de la redención. Dentro del kolpos antes de Cristo hay dos historias paralelas: la del kolpos purgativo y la del expectante. En estas dos historias, las almas fueron conociendo las fases de la revelación: el diluvio y Noé se convirtieron en enseñanza para ellos; también lo fueron Abrahán, las palabras de los jueces, las enseñanzas de los profetas. Ellos también debieron escuchar con sumo respeto los afanes de los sabios paganos por descubrir a Dios, y sus esfuerzos por entablar una relación con ese misterioso Padre Creador. Esfuerzos de los paganos que incluyeron el ayuno, el sacrificio, incluso el celibato. Esfuerzos santos detrás de los cuales estaba la acción silenciosa del Espíritu Santo.

El budismo, el zoroastrismo, todas las religiones que se esforzaron por conocer al Gran Ser Infinito fueron vistas con alegría por parte de los antepasados. Pues, sin duda, esos esfuerzos humanos estaban movidos por el mismo Dios que se revelaría plenamente en el cristianismo. Sería erróneo ver esos esfuerzos como algo sin mucha importancia, pues Dios estuvo detrás de ellos: inspirando, alentando, enviando gracias. Los difuntos podían ver a la entera humanidad como unos padres que ven a sus hijos. Que se interesan por ellos, que ven sus avances. Pero de todos los avances los que más les interesaban eran los avances morales.

Las sagradas Escrituras fueron instrucción para las almas del kolpos, y estoy seguro de que oraron con los salmos y otros himnos de la Biblia; esa revelación progresiva les ofreció material tanto para su oración personal como para la comunitaria. Estoy convencido de que hubo una verdadera liturgia en esas moradas.

Todas esas fases previas desembocaron en la plenitud de los tiempos: pudieron contemplar la vida del Mesías. No hace falta imaginarse cómo vivieron ellos las páginas del Evangelio. Esas almas no leyeron los evangelios, ¡fueron testigos de ellos! Fueron testigos porque se les permitió ver lo que estaba sucediendo en la tierra. Teniendo en cuenta esta fase previa, podemos entender el impacto que supuso el descenso de Cristo a estas moradas. Por eso la estancia de Jesús en ellas no precisó que fuera muy prolongada: llegó allí para consumar.

Visto así, su descenso a las regiones inferiores tuvo mucho de proclamación, pues casi todos estaban maduros, como frutas que ya pueden ser recogidas. Pero, aun así, fue generoso y también les predicó a ellos de modo específico. Es decir, sus palabras estuvieron precisamente adaptadas a las almas que le escuchaban. Cristo al descender a las regiones inferiores se encontró con almas que llevaban suficientemente tiempo en el kolpos como para estar maduras y poder entrar en el reino de los cielos, mientras que otras almas no habían muerto hacía tanto y estaban más necesitadas de la predicación que el Mesías les ofreció al descender a esas regiones. El descenso a los «infiernos» fue consumación de la predicación, predicación muy adaptada para ellos, a la cual siguió la cosecha de almas, las almas que ya habían acabado su proceso purgativo. Mientras que el juicio final será el último momento que tendrán algunos para arrepentirse y ya se procederá a la definitiva separación de justos y réprobos. Los habitantes del infierno ya estarán determinados y el arrepentimiento será imposible.

Aunque sean dos momentos muy diversos, no podemos apreciar ciertas características semejantes en ambos momentos:

—**Descenso a las regiones inferiores:** Predicación y seguimiento de los justos al cielo. Visión de Cristo triunfante que supone una profunda llamada al arrepentimiento. A la cual sigue la cosecha de los frutos maduros.
—**Juicio final:** La visión de Cristo en su gloria como juez tendrá los efectos de una predicación. Esa será la predicación última y definitiva, rotunda, gloriosa. Tras la cual se producirá la separación de las almas.

Nos podemos preguntar si algún demonio o alguna alma réproba se podrá arrepentir en uno de esos dos momentos: o en el descenso a los infiernos o en el juicio final. Pienso que las almas están separadas en cuanto a su irreversibilidad, la cual supone un cambio radical del sujeto. Con lo cual, ni un solo condenado pudo salir del infierno en ninguno de esos dos momentos escatológicos. Si entonces hubiera podido salir alguno, ¿por qué no en algún momento de la eternidad? Alguien dirá que se trató de un evento especial. Pero Dios está dispuesto a repetir momentos especiales con tal de salvar a alguna alma. Es la perfecta e irremediable decisión de esas almas las que las torna insalvables.

Aun así, estoy convencido de que Jesucristo descendió también al infierno —o, mejor dicho, a las distintas moradas del infierno— para predicarles también a ellos, condenados angélicos y humanos. No podía sacarlos de ahí, pero podía darles consejos que les sirvieran para vivir lo mejor posible la eternidad, para vivir del modo más recto posible su propio estado de alejamiento irremisible de la Divinidad. Incluso soy de la opinión de que descendió, con brevedad, a distintas moradas del infierno; pues había clases de demonios que necesitaban un tipo de predicación, y otros necesitaban de otro tipo de consejos y pensamientos. Enseñanzas que eran medicina para esos espíritus; no medicina de curación, pero sí que constituían un bálsamo de alivio.

Por supuesto, seguro, que hubo demonios que, de ninguna manera, querían escuchar al Mesías. Pero su voz amorosa retumbó en todas esas regiones infernales. Su figura fue visible para todos los espíritus. He oído, no sé si será verdad, que si estando cerca un tipo de metal muy radioactivo lo miras con los párpados cerrados, lo sigues viendo. No sé si será cierto esto, pero estoy convencido de que en el descenso de Cristo a los infiernos (a los verdaderos infiernos, las moradas de condenación) los condenados escucharon y vieron a Cristo, quisieran o no quisieran.

El Mesías no lo hizo para atormentarlos, para echarles en cara nada. Incluso con ellos su intención fue benéfica: decirles cosas que las recordaran y fueran para su bien. Aunque en ese momento las rechazaran con odio, el mensaje quedaría en sus mentes y podrían beneficiarse. Es como alguien que entra en una prisión y el alcaide les dice a los reclusos qué deben hacer para que su estancia en prisión (aunque sea una cadena perpetua) sea menos desagradable. En el caso del infierno, consejos para no seguir el camino de los vicios (los demonios también tienen vicios espirituales), recomendaciones para no obsesionarse, orientaciones para no llenarse de más odio.

DIFERENCIAS ENTRE EL KOLPOS PRE-CRISTIANO Y EL PURGATORIO ACTUAL PARA LOS BAUTIZADOS

Buena parte de lo afirmado para las moradas kolposianas se puede aplicar al purgatorio actual. Hay tres diferencias importantes entre el purgatorio antes de Cristo y el que siguió:

—**Revelación:** Las almas ya pueden conocer la entera historia de la salvación nada más morir. De hecho, muchos cristianos la conocen desde antes de morir.

—**Duración:** Antes las almas tenían que permanecer durante miles de años o siglos, todos juntos, a la espera de que se abrieran las puertas del cielo. Ahora la estancia es mucho más breve.

—**Gracia:** Las almas ahora se lucran de las gracias ganadas por los cristianos que oran por los difuntos.

Ahora las almas conocen toda la historia de la salvación, y a eso se añade que pueden contemplar los frutos que vinieron después: la historia de la Iglesia. Los hechos de la santa Iglesia católica constituyen una crónica salvífica también para las almas del purgatorio. La historia se convierte para esas almas en medio para comprender el amor de Dios, cómo es Dios, la santificación que viene de Él. Es un medio de santificación inmenso ver la vida de grandes santos. Digo «ver» porque no conocen las cosas como el que escucha una narración o lee, sino que pueden contemplar esa historia. No es que las almas del purgatorio puedan ver lo que quieran, ellas tienen sus limitaciones. Pero Dios está más que dispuesto a que vean todos los episodios de la tierra que puedan ayudarles.

Aunque las malas acciones de los cristianos hieren incluso a las almas que se purifican, Dios es verdad y honestamente les da a conocer todo. De manera que hasta el dolor de conocer el pecado de los seguidores de Cristo y las dudas que puede suscitar ver la traición a la verdad, a la larga incluso esos episodios acaban convirtiéndose en instrucción beneficiosa.

Dios saca bienes de todo mal que permite, pero el pecado daña incluso a los purgantes, además de producir dolor en los bienaventurados. Aunque el dolor de los bienaventurados queda eclipsado por la felicidad de la visión beatífica, pero los pecados causan dolor en la Iglesia militante, purgante y beatífica. Aunque insisto que el dolor de estos últimos, aunque existe, queda eclipsado, sobrepujado, inundado por una felicidad máxima.

Actualmente, en nuestra era cristiana, ya no existe el kolpos expectante. Los paganos que nacieron antes de Cristo, ciertamente, gozaron de muchos menos medios de santificación; pero Dios, que como buen padre compensa, equilibró algo la situación otorgándoles un largo tiempo escatológico previo a la entrada en el reino de los cielos. Esa larga estancia entre la tierra y el cielo les permitió perfeccionar accidentalmente su grado de gloria.

Los cristianos que lucran gracias en favor de los difuntos es otro elemento que antes no existía. Ahora bien, ¿podemos estar seguros de que esas gracias no se derraman también en las moradas kolposianas? Pues Dios está fuera del tiempo y sabía que alguien que todavía no había nacido iba a rezar por los difuntos, por todos los difuntos o por los más necesitados. Dios lo sabe de antemano y puede aplicar esa gracia ahora que se lucrará después.

De todas las cosas, la más importante es la gracia, pues la gracia toca directamente el entendimiento o el corazón. Con esto no hago de menos el conocimiento: conocer a Dios, la vida de Jesús, el Evangelio, etc. El conocimiento resulta necesario para que la voluntad se adhiera a ese objeto conocido. Ya Isaías profetizó: *Porque la tierra estará llena del conocimient o del Señor como las aguas cubren el mar* (Isaías 11, 9b).

Ahora bien, ya entre los patriarcas antediluvianos existía un conocimiento suficiente para alcanzar la salvación, para seguir el camino del bien aquí en la tierra y que el alma se llenara de virtud. Pero sin hacer de menos ese conocimiento primitivo, la era cristiana sí que supone una catarata de conocimiento salvífico. Y no me refiero solo a la teología, sino también a las vidas de los santos, a los sermones, a ese estar rodeado de elementos connaturales a una sociedad cristiana y que permean a todos los que han nacido y crecido en ella.

LA ESCATOLOGÍA INTERMEDIA COMO ELEMENTO NIVELADOR

¿Estamos seguros de que ese torrente de gracias de la redención no se desbordó también a los tiempos antes de Cristo? En mi opinión, sí que hubo ese tipo de desbordamiento. El cáliz de las gracias (que ganó Cristo con su vida y sufrimientos) sí que derramó su contenido también en la humanidad previa a su nacimiento. Para empezar, no debemos olvidar que tanto se desbordó que el mismo Jesucristo penetró las moradas inferiores. No solo su noticia, no solo su anuncio, Él mismo. Y si Él, en persona, fue hasta allí; resulta natural pensar que Dios Hijo tomó riquezas de su futuro tesoro de redención para derramarlas sobre las almas previas a su venida. Recordemos que Dios Hijo, por su naturaleza divina, está fuera del tiempo. La redención está presente a los ojos de la Trinidad desde toda la eternidad.

Ahora bien, ¿todos los tesoros de la redención se derraman por igual antes y después de Cristo? La respuesta es no. Si hubiera sido así, las almas podrían haber entrado en el cielo sin esperar a la redención. Pero tampoco la barrera es tan impermeable, tan impenetrable, que Dios pueda decir a sus hijos: «Lo siento por los que nacisteis antes de Cristo. Mala suerte. A unos les doy un banquete de gracia; a los otros, solo unas migajas». Sin ninguna duda, sabiendo cómo es la bondad de Dios, cómo se preocupa por todos, ocurrió algo intermedio.

No es indiferente haber nacido en una sociedad cristiana que en una pagana; pero que no dé lo mismo tampoco supone una barrera cruel en la que, simplemente, unos tuvieron *mala suerte*. No, no sucedió ni lo uno ni lo otro, sino algo en medio de los dos extremos. Sería tan inadecuado afirmar la indiferencia de pertenecer o no a la era cristiana como afirmar que el tiempo supone una barrera que el Padre de todos no puede atravesar con sus decisiones salvíficas. La redención es universal, atraviesa todos los tiempos y lugares.

El Creador es padre de todos. ¿Qué haría un padre? Como se ve, el concepto de la compensación salvífica vuelve a hacer acto de aparición. Si contemplamos las realidades salvíficas en sí mismas, los compartimentos marcan barreras férreas: nacer en el pueblo judío o no, ser bautizado o no, morir antes del uso de razón o tras una larga vida, crecer en una familia extremadamente pecadora o en una familia en la que los padres son unos cristianos santos... Estas y muchas otras realidades se pueden contemplar con toda la crudeza que significa tenerlas o no tenerlas. Pero esas realidades objetivamente negativas deben ser complementadas con la seguridad que nos ofrece atisbar la magnificente liberalidad de la Providencia.

Sin negar el valor objetivo salvífico y santificador de esas realidades, lo cierto es que estamos ante un Dios compensador, un padre que lo que no da por un lado lo compensa por otro. No es que la compensación sea absoluta, de manera que todo daría lo mismo; pero sí que la compensación es suficiente para que el que menos reciba pueda santificarse como el que más. Siguiendo la imagen evangélica de la mesa y los perritos: *pero aun los perrillos comen de las migajas que caen de la mesa de sus señores* (Mateo 15, 27), las migajas ya son en sí mismas un banquete.

Obsérvese, sin embargo, que esta imagen indica la no indiferencia de tener o no unos medios. Unos son niños (progenie espiritual por la gracia) y otros son perritos (siguen una vida más animal, más sujeta a las pasiones). Unos están sentados en la mesa eucarística, otros están tumbados sobre este mundo. Sí, la compensación no es total. El acto de equilibrar no solo es suficiente, sino magnificente en su liberalidad, pero ni mucho menos es total: hay una diferencia radical entre los tesoros de la era cristiana, y los dones de Dios en la tiniebla del paganismo.

Epílogo

Cuando yo era un joven estudiante de teología de unos veinte años, tenía una concepción subconsciente del infierno y del purgatorio que tenía mucho de venganza. Incluso el cielo tenía mucho de *pago*, de *remuneración*. No me daba cuenta del todo de esta forma de entender el más allá. Largas cadenas de silogismos ocultaban esta visión tan poco amorosa del cielo, tan cruel del infierno y tan legalista del purgatorio. Por supuesto que todo esto estaba mezclado con amor, amor verdadero a Dios y al prójimo. Pero la concepción inicial, de base, se resistía a desaparecer. Tardaría muchos años en comprender de verdad que el amor de Dios es incondicional.

Un día, celebrando la misa, al rezar el credo, me fijé en una afirmación a la que no había prestado ninguna atención en más de un cuarto de siglo de sacerdocio: *Creo en el perdón de los pecados*. Sí, creía en la unión de la naturaleza divina y humana, creía en las procesiones divinas intratrinitarias, creía en el misterio de la Iglesia, pero también debía creer ¡en el perdón! No en un perdón que fuera un intercambio, en un perdón legalista, en un perdón tan «justo» que tuviera que pagarse con la exactitud de una balanza. ¡Dios perdona! Perdona y punto.

Esta perspectiva desarrollada en mi mente durante largos años, poco a poco, tuvo que abrirse paso frente a concepciones más medievales, más rígidas. Es en esta nueva perspectiva como he construido mi visión del purgatorio, así como tuve que redefinir la naturaleza del infierno y la razón de una prueba antes de llegar a la morada celestial.

Hay que verlo todo bajo la perspectiva de un Ser Infinito lleno de felicidad. Algunos laicos sin estudios de teología, pero muy fanáticos, se han amarrado a imágenes veterotestamentarias de un Dios iracundo. Sí, también existe la ira de Dios y el castigo divino, pero todo debe ser compensado con los versículos acerca de un Dios que es padre. Ciertas imágenes veterotestamentarias son verdaderas, pero no son toda la verdad. Por otro lado, la imagen de un Dios indiferentista, un Dios al que le da lo mismo todo, tampoco es correcta. Un mundo en el que nuestras acciones no tienen consecuencias no es el mensaje que transmite la Palabra de Dios. Algunas consecuencias son de muerte, otras tienen consecuencias eternas irremediables. Pero los que creemos en el infierno adoramos no a un Dios siempre iracundo, sino a un Padre que perdona para siempre. Y aun así, a pesar de la destrucción de nuestras deudas, el purgatorio existe. Precisamente, porque Dios perdona y nos regenera.

Frente al indiferentismo y a la idea de que todo da lo mismo, está el otro extremo: un cristianismo entendido como una justicia divina que requiere de un sufrimiento cruel y rígido. Ojo, no estoy negando que el sufrimiento por amor no produzca sus frutos espirituales. ¡El sufrimiento por amor (o con amor) transforma el alma! Por otro lado, el pecado produce sufrimiento. Pero lo esencial del cristianismo es el amor, no las siete copas de la ira.